Risikofaktor „Stress“

Kompaktreihe Gesundheitswissenschaften

Risikofaktor „Stress“

Lotte Habermann-Horstmeier

Lotte Habermann-Horstmeier

Kompaktreihe Gesundheitswissenschaften

Risikofaktor „Stress“

Kompakte Einführung und Prüfungsvorbereitung
für alle interdisziplinären Studienfächer

hogrefe

Korrespondenzadresse der Autorin:
Dr. med. Lotte Habermann-Horstmeier, MPH
Leiterin des Villingen Institute of Public Health (VIPH)
der Steinbeis-Hochschule Berlin
Klosterring 5
D 78050 Villingen-Schwenningen
E-Mail: Habermann-Horstmeier@viph-steinbeis.de
Internet: www.studium-public-health.de

Bibliografische Information der Deutschen Nationalbibliothek
Die Deutsche Nationalbibliothek verzeichnet diese Publikation in der Deutschen Nationalbibliografie; detaillierte bibliografische Daten sind im Internet über http://www.dnb.de abrufbar.

Anregungen und Zuschriften bitte an:
Hogrefe AG
Lektorat Gesundheit
Länggass-Strasse 76
3000 Bern 9
Schweiz
Tel: +41 31 300 45 00
E-Mail: verlag@hogrefe.ch
Internet: http://www.hogrefe.ch

Lektorat: Susanne Ristea
Bearbeitung: Elisabeth Dominik, Allendorf
Herstellung: René Tschirren
Umschlag: Claude Borer, Riehen
Satz: Claudia Wild, Konstanz
Druck und buchbinderische Verarbeitung: Finidr s. r. u., Český Těšín
Printed in Czech Republic

1. Auflage 2017

(E-Book-ISBN_PDF 978-3-456-95708-1)
(E-Book-ISBN_EPUB 978-3-456-75708-7)
ISBN 978-3-456-85708-4
http://doi.org/10.1024/85708-000

Inhalt

Mein ganz besonderer Dank geht an Dr. med. Nicole Bender, PhD, MSc Epidemiology, Institut für Evolutionäre Medizin (IEM) der Universität Zürich (Schweiz), die die Arbeit an diesem Buch durch zahlreiche wertvolle Hinweise und Anregungen unterstützt hat.

Vorwort

Der vorliegende Band *Risikofaktor Stress* ist der dritte Band einer neuen Reihe, die sich unter dem Titel *Kompaktreihe Gesundheitswesen* an ein breites Publikum im deutschsprachigen Raum wendet. Die wissenschaftlich fundierten, aktuellen, leicht verständlichen und gut illustrierten Texte bieten jeweils einen ersten Einstieg in ein abgegrenztes Gesundheitsthema. Praxisbezogene Fragen zum Ende jedes Kapitels erlauben es, die Textinhalte mit der eigenen Erfahrungswelt zu verknüpfen. Um diesen Transfervorgang zu unterstützen, finden sich am Ende des Buches ausführliche Lösungsvorschläge.

Die Grundlagentexte eignen sich zur Einführung in das Thema und zur Prüfungsvorbereitung. Hierbei unterstützen die praxisbezogenen Fragen, das umfangreiche Glossar und die zahlreichen Verweise auf aktuelle Literatur- und Internetquellen. Als Adressaten kommen nicht nur Studierende im Gesundheitsbereich an Universitäten und Fachhochschulen (z.B. in den verschiedensten Studiengängen von Public Health/Gesundheitswissenschaften, Medizin, Gesundheitsökonomie, Pflegewissenschaften etc.) in Frage, sondern z.B. auch andere Interessenten, die ein bestimmtes Gesundheitsthema in ihrem Betrieb, ihrer Einrichtungen oder Behörde voranbringen möchten.

Aus Gründen der besseren Lesbarkeit wird im Buch bei personenbezogenen Bezeichnungen die im Deutschen übliche, meist männliche Form verwendet. Selbstverständlich sind damit jeweils Frauen und Männer gleichermaßen gemeint. Dies gilt insbesondere, da im Bereich der Gesundheitsberufe überwiegend Frauen tätig sind.

Themen dieses Bandes sind die Fragen

- *Was ist überhaupt „Stress"?*
- *Was sind die Ursachen und Symptome von Stress?*
- *Was sind die biologischen, psychologischen und sozioökonomischen Folgen von Stress?*
- *Wie kann Stress vermieden werden?*

Durch die zunehmend komplexeren Strukturen unserer Gesellschaft fühlen sich immer mehr Menschen belastet. Sie sehen sich verschiedensten Stress auslösenden Faktoren hilflos ausgeliefert – ohne die Möglichkeit, etwas an ihrer Situation zu ändern. Chronischer Stress entsteht, der dazu beiträgt, dass sie schließlich krank werden. Stress ist also ein bedeutender Risikofaktor, d.h. ein Faktor der dazu beitragen kann, unsere Gesundheit zu schädigen. Risikofaktoren sind daher wichtige Ansatzpunkte für Public-Health-Fachleute.

Das Buch weist zu Beginn anhand von epidemiologischen Daten auf die Bedeutung dieses Problems hin. Nach der Definition des Begriffes „Stress" werden die beiden grundlegenden Stressmodelle vorgestellt. Der Schilderung von Ursachen und Symptomen folgen dann die wichtigsten Stressfolgeerkrankungen. Dabei geht ein Abschnitt intensiv auf das Konzept des Burnout-Syndroms ein. Nachdem u.a. Langzeit-AU und Frühverrentung als volkswirtschaftliche Folgen von Stress diskutiert wurden, werden Methoden der Stressvermeidung und Stressreduktion geschildert. Den Abschluss bildet ein praktisches Beispiel aus dem Arbeitsbereich.

Villingen-Schwenningen, April 2017 Lotte Habermann-Horstmeier

Grundlagen und Fragen

1 Einführung

Dieses Buch soll

- Sie mit grundlegenden Begriffen des Themas „Stress“ vertraut machen.
- Ihnen einen ersten Überblick über die Häufigkeit von Stress, über verschiedene Stressmodelle sowie verschiedene Formen und Ursachen von Stress geben.
- Ihnen Stressfolgeerkrankungen (einschl. Burnout) erläutern sowie die wirtschaftlichen Folgen von Stress deutlich machen.
- Ihnen zeigen, wie Menschen mit Stress umgehen und einige Methoden zur Stressvermeidung und Stressreduktion vorstellen.
- Sie in die Lage versetzen, das Gelernte zum Thema „Stress“ im Bereich Gesundheitsförderung und Prävention sinnvoll einzusetzen.

1.1 Stress in unserem Leben

Stress im Beruf, Stress in der Schule, Stress in der Familie – viele Menschen leiden heute unter Stress. Chronischer Stress hat gesundheitliche Auswirkungen. Immer mehr Menschen fühlen sich ausgebrannt. Gibt man den Begriff „Stress“ in die Suchmaschine Google ein, erhält man innerhalb von Bruchteilen einer Sekunde ungefähr 556.000.000 Ergebnisse. Bei dem Begriff „Burnout“ sind es immerhin 41.500.000 Ergebnisse. Nirgendwo sonst weltweit wird das Thema „Burnout“ derzeit (2016) so häufig in die Suchmaschine eingegeben wie in Österreich, Deutschland und der Schweiz (s. Linkverzeichnis [1] in Kap. 11).

Vor allem in den Industrienationen ist das gesellschaftliche Leben einschließlich der Arbeitsstrukturen in den letzten Jahrzehnten zunehmend komplexer geworden. Es gibt immer mehr Menschen, die sich dadurch belastet und überfordert fühlen. Chronischer Stress macht sie krank.

Stress wirkt sich jedoch nicht nur auf uns persönlich aus, sondern auch auf unsere Gesellschaft. Psychische Erkrankungen – oft als Folge von Stress – stehen inzwischen in Deutschland an der Spitze der Ursachen für Frühverrentungen. Bei nahezu der Hälfte aller Krankheiten spielt Stress eine Rolle (s. Kap. 4). Damit ist auch ein Großteil der Krankheitskosten durch Stress zumindest mitverursacht (s. Kap. 5).

1.2 Definition von Stress

Nach Bolliger-Salzmann kommt es dann zu **(Dis-)Stress**, wenn ein Missverhältnis zwischen den Anforderungen, die an eine Person gestellt werden, und den Möglichkeiten und Fähigkeiten dieser Person besteht, diese Anforderungen zu kontrollieren bzw. zu bewältigen (*Coping;* s. Kap. 2.2).

Definition „Coping"
Das Coping (von to cope with [engl.]: bewältigen, überwinden) ist eine Bewältigungsstrategie. Es beschreibt die Art des Umgangs mit einem als bedeutsam und schwierig empfundenen Lebensereignis oder einer Lebensphase.

Es besteht also ein *subjektiv*[1] wahrgenommenes Ungleichgewicht zwischen den inneren und/oder äußeren Anforderungen, denen ein Mensch ausgesetzt ist, und seinen Handlungsmöglichkeiten. Der betroffene Mensch erlebt dieses Ungleichgewicht als unangenehm, jedoch gleichzeitig als für ihn von erheblicher Bedeutung.

Stressoren oder **Stressfaktoren** sind in diesem Zusammenhang innere und äußere Reize, die auf den Menschen einwirken und dadurch eine Reaktion bei ihm auslösen. Nicht bei jedem Menschen erzeugt derselbe Reiz jedoch Stress. Ob ein Reiz bei einem Menschen zur Entstehung von Stress führt, hängt entscheidend davon ab, wie der Betroffene das Geschehen bewertet. (Dis-)Stress entsteht vor allem in Situationen, denen man sich hilflos ausgeliefert fühlt, in denen man keine Möglichkeit sieht, etwas an dieser Situation zu ändern.

Da nicht jede Belastung als Stress empfunden wird, unterscheiden manche Stressforscher zwischen Eu-Stress und Dis-Stress.

Eu-Stress[2] entsteht dann, wenn eine auf einen Menschen einwirkende Tätigkeit oder ein Zustand nicht als Belastung empfunden wird.

Dis-Stress[3] ist dagegen Stress, der als unangenehm empfunden wird. Er hat negative körperliche, geistige und seelische Folgen für den Betroffenen.

Beispiel
Eine Tätigkeit muss innerhalb einer bestimmten Zeit erledigt werden. Da man sie aber gerne macht, wird der Zeitdruck nicht als belastender Stress empfunden. Es handelt sich hier um **Eu-Stress.**
Wenn dieselbe Tätigkeit, die innerhalb einer bestimmten Zeit erledigt werden muss, sehr ungern getan wird, wird der Zeitdruck als belastender **Dis-Stress** empfunden.

1 *subjektiv:* von einer Person aus beurteilt, auf eine Person bezogen
2 *eu-* (gr.): gut
3 *dis-* oder *dys-* (lat./gr.): schlecht

Auf die Ursachen und Symptome von Dis-Stress wird in Kap. 3 näher eingegangen. Wenn im folgenden Text der Begriff Stress verwendet wird, ist in der Regel Dis-Stress gemeint.

Der Begriff Stress wurde in der ersten Hälfte des 20. Jahrhunderts v.a. durch den Mediziner *Hans Selye* (1907–1982) geprägt. Er sah Stress als eine unspezifische Reaktion des Organismus auf jede Form von Belastung an. Mit dem aus der Physik entlehnten Begriff beschrieb er einen körperlichen Belastungszustand, der gekennzeichnet ist durch Anspannung und Widerstand gegenüber äußeren Stressoren. In späteren Jahren spielten v.a. die Bewertung der Situation durch den Betroffenen *(Appraisal*[4]*)* und die Möglichkeit der Stressbewältigung (Coping) eine zentrale Rolle in der Stressforschung (s. Kap. 2.2). Allerdings gibt es noch immer keine einheitliche Definition des Begriffs „Stress". Es existieren zahlreiche Definitionen, die sich insbesondere im Hinblick auf das dem Stressbegriff zugrunde liegende Konzept unterscheiden.

So kann Stress auf verschiedenen Ebenen folgendermaßen definiert werden:

- Stress entsteht als **Folge einer sinnlichen Wahrnehmung** eines auslösenden Reizes und der Weiterleitung dieses Reizes über das Nervensystem zu einer reizverarbeitenden Region im menschlichen Körper. Parallel dazu werden auf biochemischer Ebene Drüsensekrete im Organismus freigesetzt. Beides ruft Reaktionen auf der körperlichen Ebene ebenso wie auf der Ebene der Gefühle, der Gedanken und des Verhaltens hervor.
- Stress ist die **Reaktion auf eine starke Beanspruchung des Menschen** durch eine Belastung. Die Belastung ist eine objektive, auf den Menschen einwirkende Größe. Belastungen können beispielsweise physikalischer Natur sein (starke Sonneneinstrahlung, Hitze, Kälte, Lärm usw.), aber auch Giftstoffe oder das Eindringen von Krankheitserregern können Stresssituationen auslösen. Es gibt darüber hinaus auch psychische Stressoren. Hinzu kommt, dass selbst die eigenen Einstellungen, Erwartungshaltungen und Befürchtungen zur Entstehung von Stress beitragen können (s. Kap. 3).
- Als Stress bezeichnet man einen **subjektiven Zustand.** Dieser Zustand entsteht dann, wenn eine Person befürchtet, dass sie eine auf sie zukommende, voraussichtlich länger andauernde Situation nicht vermeiden kann, die aus ihrer Sicht negativ besetzt ist. Dabei geht sie davon aus, dass sie die Situation nicht beeinflussen oder durch den Einsatz ihrer Ressourcen bewältigen kann. Der dann entstehende Stress ist in der Regel mit starken negativen Gefühlen verbunden.

Definition „Ressourcen"

Ressourcen sind materielle oder immaterielle Mittel, mit deren Hilfe eine Handlung durchgeführt oder ein Vorgang in Gang gesetzt werden. Im Bereich von Public Health/Gesundheitswissenschaften versteht man unter Ressourcen bestimmte Einflussfaktoren, die die Gesundheit eines Menschen fördern können. Man unterscheidet hierbei personale, soziale und materielle Ressourcen.

4 *appraisal* (engl.): Bewertung, Beurteilung

1.3 Häufigkeit von Stress

Nach einer repräsentativen Untersuchung zum Thema „Stress", die das Meinungsforschungsinstitut Forsa im September 2013 in Deutschland im Auftrag der Techniker Krankenkasse durchführte, gaben 57 % der Befragten an, „manchmal" bzw. „häufig" gestresst zu sein (s. Abbildung 1-1).

Bei den Berufstätigen waren sogar 70 % „manchmal" bzw. „häufig" gestresst. Siebenundsechzig Prozent sagten, sie hätten nun noch mehr Stress als drei Jahre zuvor (s. Abbildung 1-2). Insbesondere Angestellte und Menschen mit höherem Einkommen waren häufiger betroffen.

In der Schweiz brachte eine repräsentative Untersuchung unter Erwerbstätigen ähnliche Ergebnisse: 34 % aller Erwerbstätigen fühlten sich dort „häufig" bis „sehr häufig" gestresst. Dies waren 30 % mehr als 10 Jahre zuvor. Einunddreißig Prozent der Befragten sahen ihre Gesundheit durch ihre Arbeit beeinträchtigt. Siebzehn Prozent meinten, dass diese Gesundheitsbeeinträchtigung durch Stress bei der Arbeit hervorgerufen wurde (s. Abbildung 1-3). Personen, die in dieser Studie über Stressempfindungen im Zusammenhang mit ihrer Arbeit berichteten, waren oft mit den Arbeitsbedingungen unzufrieden, hatten überdurchschnittlich häufig einen schlechten allgemeinen Gesundheitszustand und klagten öfter über Burnout-Symptome.

Gestresst fühlen sich viele Menschen jedoch auch außerhalb des Berufes. Vor allem die Altersgruppe zwischen 30 und 50 Jahren ist besonders davon betroffen (s. Abbildung 1-4). Diese sogenannte **Sandwich-Generation** kümmert sich neben dem Beruf in der Regel um eigene Kinder und um zuwendungsbedürftige Eltern. Der Druck aus dem familiären Umfeld ist insbesondere für Frauen belastend, sodass bei ihnen dann häufig das Gefühl der Überforderung entsteht. In dieser Zeit kommen nicht selten auch andere

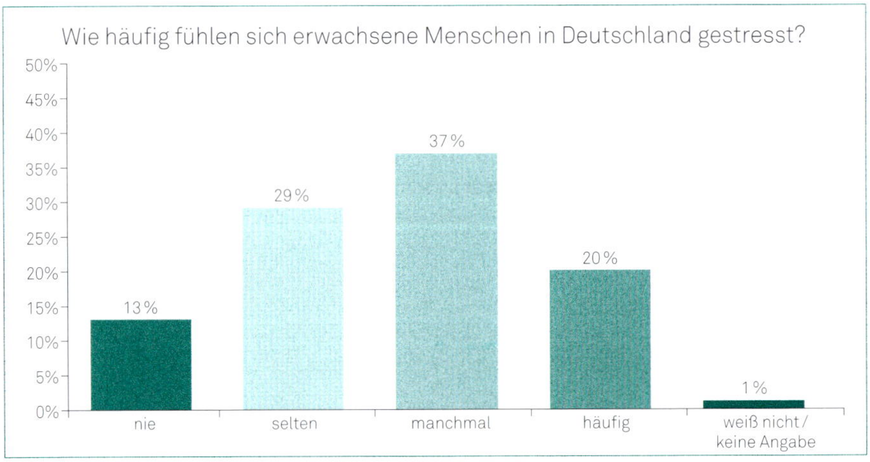

Abbildung 1-1: Wie häufig fühlen sich erwachsene Menschen (≥ 18 Jahre) in Deutschland gestresst? Ergebnisse einer Forsa-Umfrage im Auftrag der Techniker Krankenkasse im September 2013. Quelle: nach den Daten der Broschüre „Bleib locker, Deutschland! TK-Studie zur Stresslage der Nation", 10/2013. Mit freundlicher Genehmigung der Techniker Krankenkasse vom 05.01.2017.

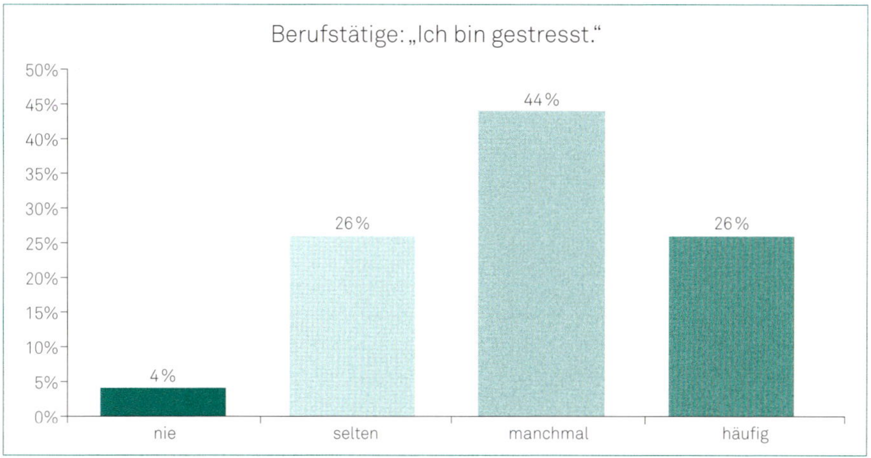

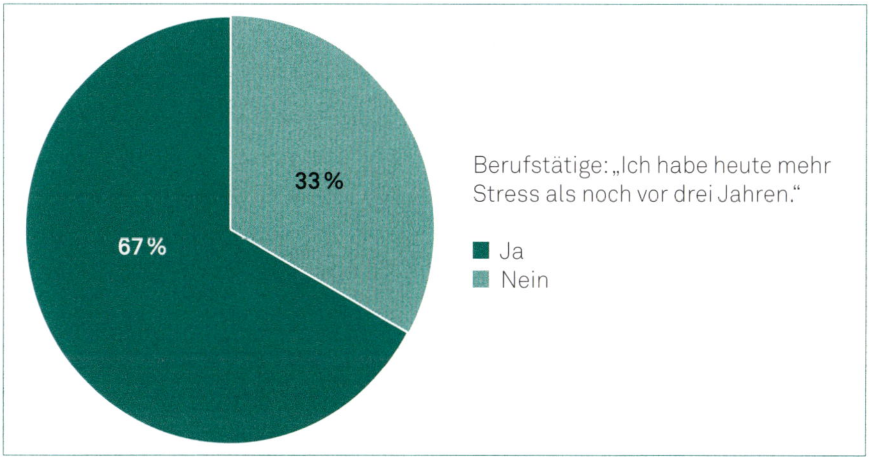

Abbildung 1-2: Wie häufig fühlen sich Berufstätige in Deutschland gestresst? Und fühlen sie sich zum Zeitpunkt der Umfrage (2013) noch mehr gestresst als drei Jahre zuvor? Ergebnisse einer Forsa-Umfrage im Auftrag der Techniker Krankenkasse im September 2013.
Quelle: nach den Daten der Broschüre „Bleib locker, Deutschland! TK-Studie zur Stresslage der Nation", 10/2013. Mit freundlicher Genehmigung der Techniker Krankenkasse vom 05.01.2017.

belastende Faktoren wie etwa finanzielle Probleme (z. B. als Folge eines Hausbaus/Hauskaufs) hinzu, was die Situation dann noch verschärfen kann. Diese zunehmende Gleichzeitigkeit von verschiedenen Anforderungen aus Familie, Beruf und Karriere führt dazu, dass v. a. die heute 30- bis 45-Jährigen über eine Mehrfachbelastung klagen, die sie als stressend empfinden. Für diesen Lebensabschnitt wurde daher auch der Begriff der „Rushhour des Lebens" geprägt. Gründe für die Gleichzeitigkeit der belastenden Faktoren sind u. a. späte Elternschaft, ein später Start ins Berufsleben und verstärkte Karriereansprüche - wobei ein zeitweiser Ausstieg aus dem Beruf dann schon gleich das Karriereende bedeuten könnte. In dieser Zeit müssen also in einer relativ kurzen Zeitspanne viele Entscheidungen getroffen und umgesetzt werden, die für das weitere Leben von großer Bedeutung sind. Berufstätige Eltern, insbesondere jedoch berufstätige Mütter

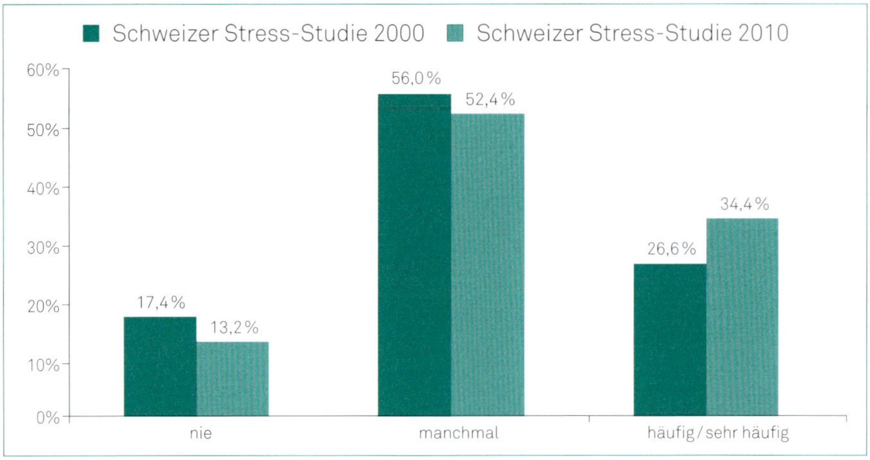

Abbildung 1-3: Stressempfinden bei der erwerbstätigen Bevölkerung der Schweiz im Jahr 2010 (n = 1.003) im Vergleich zum Jahr 2000 (n = 906). Ergebnisse der Stressstudie des Staatssekretariats für Wirtschaft SECO, 2010.

Quelle: nach Grebner S, Berlowitz I, Alvarado V, Cassina M. Stressstudie 2010, Stress bei Schweizer Erwerbstätigen, Zusammenhänge zwischen Arbeitsbedingungen, Personenmerkmalen, Befinden und Gesundheit. Bern: Staatssekretariat für Wirtschaft SECO (Hrsg.), Direktion für Arbeit, Leistungsbereich Arbeitsbedingungen, 2010; s. Linkverzeichnis [2] in Kap. 11.

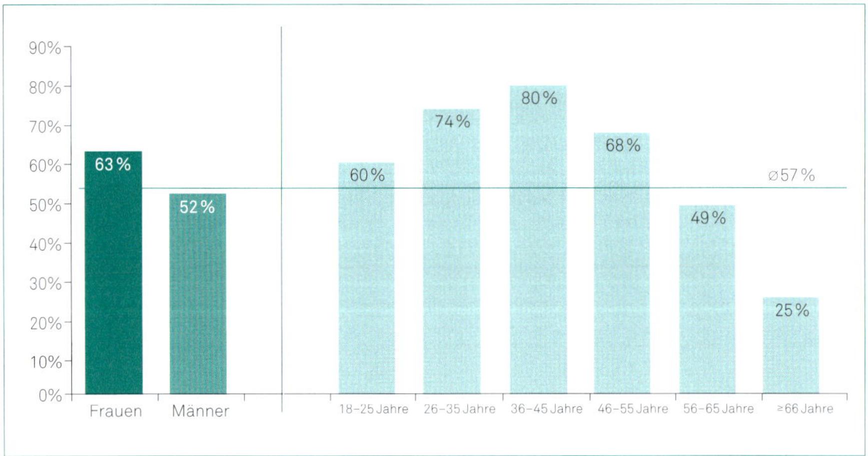

Abbildung 1-4: Prozentsatz der Erwachsenen in Deutschland, der sich „manchmal/häufig" gestresst fühlt, unterschieden nach Geschlecht und Altersgruppen. In Deutschland fühlen sich Frauen und Vertreter der sog. Sandwich-Generation besonders gestresst (Gesamtanteil der Gestressten im Durchschnitt: 57%). Ergebnisse einer Forsa-Umfrage im Auftrag der Techniker Krankenkasse im September 2013.

Quelle: nach den Daten der Broschüre „Bleib locker, Deutschland! TK-Studie zur Stresslage der Nation", 10/2013. Mit freundlicher Genehmigung der Techniker Krankenkasse vom 05.01.2017.

(die neben ihrem Job meist den größten Teil der Haushalts- und Erziehungsarbeit übernehmen), haben daher eine ungünstigere Work-Life-Balance und können weniger auf ihre Gesundheit achten. Sie haben kaum Zeit, um Sport zu treiben und schlafen oft nicht ausreichend. Trotzdem argumentiert der DAK-Gesundheitsreport 2014, dieser Zeitraum sei gar nicht so stressbelastet wie oftmals formuliert. Die Betroffenen litten anscheinend gar nicht so sehr unter dieser Situation, denn sie seien ja seltener arbeitsunfähig als jüngere oder ältere Arbeitnehmer, befänden sich seltener in ambulanter ärztlicher Behandlung und verbrauchten weniger Arzneimittel als diese. Auch seien sie psychisch gesünder als die jüngeren und älteren Arbeitnehmergruppen. Allerdings berücksichtigt dieser Report nicht, dass es ja einige Zeit braucht, bis sich aufgrund einer chronischen Stresssituation negative gesundheitliche Folgen einstellen (s. Kap. 4). Dies zeigen u. a. die Zahlen zum durchschnittlichen Alter bei Beginn der Frührente. So sind beispielweise Frauen, die aufgrund psychischer Störungen frühverrentet werden, in Deutschland (2012) durchschnittlich 48,9 Jahre alt (s. Kap. 5.1).

Das Gefühl des Gestresst-Seins ist jedoch in Deutschland nicht überall gleich stark ausgeprägt. Besonders gestresst fühlen sich die Menschen im Süden Deutschlands. Baden-Württemberg steht hierbei an der Spitze (s. Abbildung 1-5). Doch selbst bei der weniger gestressten Bevölkerung der nördlichen Bundesländer sind es immer noch 50 % und mehr, die sich „manchmal“ oder „häufig“ gestresst fühlen.

Auch die „Studie zur Gesundheit der Erwachsenen in Deutschland (DEGS)“, die im Rahmen des *Gesundheitsmonitorings* des Robert Koch-Instituts durchgeführt wurde, konnte im Jahr 2013 zeigen, dass Frauen mit 13,9 % signifikant häufiger unter einer starke Stressbelastung leiden als Männer (8,2 %).

Definition „Monitoring“
Als Monitoring bezeichnet man die systematische Erfassung (Protokollierung), Beobachtung oder Überwachung eines Vorgangs oder eines Prozesses. Beim Gesundheitsmonitoring werden Gesundheitsdaten systematisch erfasst. Dies geschieht z. B. durch regelmäßig wiederholte Befragungen und/oder durch regelmäßige Messung und Erfassung von Daten wie beispielsweise Größe, Gewicht etc.

Stressbelastet waren dabei eher Personen mit sozioökonomisch niedrigem Status (17,3 % der Personen mit sozioökonomisch niedrigem Status *versus*[5] 7,6 % der Personen mit sozioökonomisch hohem Status; s. Tabelle 1-1). Eine starke Belastung durch chronischen Stress gaben besonders die Menschen an, die auf nur geringe soziale Unterstützung zurückgreifen konnten (26,2 %; s. Tabelle 1-2). Bei Personen mit einer starken Belastung durch chronischen Stress äußerte sich diese häufig in einer depressiven Symptomatik mit Burnout-Symptomen (s. Kap. 4.4) oder Schlafstörungen. Die genannten Symptome traten bei ihnen deutlich häufiger auf als in der übrigen Bevölkerung.

Leider gibt es bislang nur wenig differenziertes Zahlenmaterial zur Häufigkeit und zu den Ursachen von Stress in bestimmten Bevölkerungsgruppen, wie z. B. bei alten Menschen

5 *versus*: gegen, gegenüber

Deutschland im Stress

Anteil der Befragten, die manchmal oder häufig im Stress sind, nach Regionen

- 68 % Baden-Württemberg
- 66 % Bayern
- 63 % Brandenburg, Berlin
- 62 % Hessen, Rheinland-Pfalz, Saarland
- 57 % Nordrhein-Westfalen, Sachsen, Sachsen-Anhalt, Thüringen
- 54 % Bremen, Hamburg, Niedersachsen, Schleswig-Holstein, Mecklenburg-Vorpommern

Durchschnitt: 60 %

Quelle: TK-Stressstudie 2016, eigene Gestaltung

Abbildung 1-5: Unterschiede im Gestresst-Sein zwischen den einzelnen Bundesländern (Durchschnitt: 60 %). Ergebnisse einer Forsa-Umfrage im Auftrag der Techniker Krankenkasse, 2016. Quelle: aus der Broschüre „Entspann dich, Deutschland". TK-Stressstudie 2016. Mit freundlicher Genehmigung der Techniker Krankenkasse vom 05.01.2017.

Tabelle 1-1: Prävalenz* der starken Belastung durch chronischen Stress in Deutschland, unterschieden nach Geschlecht, Altersgruppen und sozioökonomischem Status (SES); n = 5.793.

		18–29 Jahre % (95 %-KI**)	30–44 Jahre % (95 %-KI)	45–64 Jahre % (95 %-KI)	gesamt % (95 %-KI)
Frauen (n = 3.078)	niedriger SES	18,0 (11,5–27,1)	22,2 (13,3–34,6)	20,8 (14,4–29)	20,2 (15,9–25,3)
	mittlerer SES	16,3 (12,0–21,7)	12,9 (9,7–17)	11,4 (9,2–14,1)	13,0 (11,3–14,9)
	hoher SES	12,3 (6,3–22,7)	12,4 (8,6–17,5)	10,1 (6,9–14,6)	11,3 (8,9–14,4)
	Gesamt	16,1 (12,8–20,1)	14 (11,3–17,3)	12,6 (10,6–15,0)	13,9 (12,3–15,6)
Männer (n = 2.715)	niedriger SES	17,3 (10,0–28,2)	13,5 (7,4–23,3)	13,4 (8,5–20,6)	14,6 (10,9–19,1)
	mittlerer SES	8,7 (5,8–12,7)	6,9 (4,3–11,0)	7,8 (5,8–10,4)	7,8 (6,2–9,7)
	hoher SES	3,8 (0,8–15,6)	4,4 (2,0–9,4)	4,7 (3,0–7,2)	4,4 (2,9–6,8)
	Gesamt	9,8 (7,1–13,4)	7,1 (5,0–10,0)	8,0 (6,5–9,9)	8,2 (6,9–9,6)
Gesamt (n = 5.793)	niedriger SES	17,7 (12,5–24,3)	17,7 (12,0–25,2)	16,9 (12,7–22,1)	17,3 (14,6–20,4)
	mittlerer SES	12,3 (9,8–15,3)	10,1 (8,0–12,6)	9,7 (8,2–11,5)	10,4 (9,3–11,7)
	hoher SES	8,0 (4,3–14,4)	7,9 (5,3–11,7)	7,2 (5,4–9,6)	7,6 (6,0–9,6)
	Gesamt	12,9 (10,8–15,4)	10,5 (8,7–12,6)	10,3 (9,0–11,8)	11,0 (10,0–12,1)

***Prävalenz:** Anzahl der zum Untersuchungszeitpunkt Kranken bzw. Betroffenen;
****95 %-KI:** 95 %-Konfidenzintervall bzw. 95 %-Vertrauensbereich; in diesem Fall beinhalten mindestens 95 % aller auf der Grundlage der gemessenen Daten berechneten Konfidenzintervalle den wahren Wert der zu untersuchenden Population.

Quelle: Hapke et al. Chronischer Stress bei Erwachsenen in Deutschland. Bundesgesundheitsblatt 2013; 56: 749–754. Mit freundlicher Genehmigung von U. Hapke, PhD, Robert-Koch-Institut, vom 25.09.2014; s. Linkverzeichnis [3] in Kap. 11.

oder Menschen mit Behinderung. Intensiver untersucht ist dagegen das Thema **„Migration und Stress“**. Es ist seit Längerem schon bekannt, dass Migration ein sehr komplexes Phänomen ist, das in der Regel mit Stress einhergeht. Dies ist einer der Gründe dafür, dass die Rate an psychischen Störungen in dieser Bevölkerungsgruppe deutlich höher ist als im Bevölkerungsdurchschnitt. Stress und Stressfolgen finden sich insbesondere bei den Migranten, die Traumatisierungen als Folge von kriegerischen Auseinandersetzungen, Gewalt, Vertreibung, Flucht, Hunger etc. erlebt haben. Interessierte Leser finden einige Hinweise zu Veröffentlichungen in diesem Bereich im Literaturverzeichnis (s. Kap. 9).

Tabelle 1-2: Prävalenz* der starken Belastung durch chronischen Stress in Deutschland, unterschieden nach Geschlecht und sozialer Unterstützung; n = 5.774.

	geringe soziale Unterstützung % (95 %-KI)**	**mittlere soziale Unterstützung % (95 %-KI)**	**starke soziale Unterstützung % (95 %-KI)**
Frauen (n = 3.067)	32,5 (25,3–40,5)	13,3 (11,3–15,7)	9,5 (7,6–11,7)
Männer (n = 2.707)	20,8 (15,2–27,7)	8,4 (6,6–10,5)	4,3 (2,9–6,3)
Gesamt (n = 5.774)	26,2 (21,6–31,4)	10,8 (9,4–12,3)	7,0 (5,7–8,5)

***Prävalenz:** Anzahl der zum Untersuchungszeitpunkt Kranken bzw. Betroffenen;
****95 %-KI:** 95 %-Konfidenzintervall bzw. 95 %-Vertrauensbereich; in diesem Fall beinhalten mindestens 95 % aller auf der Grundlage der gemessenen Daten berechneten Konfidenzintervalle den wahren Wert der zu untersuchenden Population.

Quelle: Hapke et al. Chronischer Stress bei Erwachsenen in Deutschland. Bundesgesundheitsblatt 2013; 56: 749–754. Mit freundlicher Genehmigung von U. Hapke, PhD, Robert-Koch-Institut, vom 25.09.2014; s. Linkverzeichnis [3] in Kap. 11.

Kurz zusammengefasst (die Aussagen gelten für Deutschland, lassen sich aber auch auf Österreich und die Schweiz beziehen):

- Mehr als die Hälfte der Menschen geben an, manchmal oder häufig gestresst zu sein.
- Erwerbstätige Menschen fühlen sich noch häufiger gestresst als der Durchschnitt der Bevölkerung.
- Frauen fühlen sich häufiger gestresst als Männer.
- Menschen im Alter von 25 bis 45 Jahren fühlen sich besonders häufig gestresst.
- Menschen mit niedrigem sozioökonomischem Status fühlen sich häufiger gestresst als Menschen mit hohem sozioökonomischem Status.
- Menschen mit geringer sozialer Unterstützung fühlen sich häufiger gestresst als Menschen mit starker sozialer Unterstützung.
- Menschen in Süddeutschland fühlen sich stärker gestresst als Menschen in Norddeutschland.
- Auch andere Faktoren wie z. B. Migration, Krankheit oder Behinderung können Einfluss darauf haben, wie stark sich ein Mensch gestresst fühlt.

Aufgabe 1

Machen Sie bitte eine kleine Umfrage an Ihrem Arbeitsplatz bzw. Studienplatz:

- Wie viele Kollegen/Uni-Angehörige fühlen sich gestresst?
- Wie viele Kollegen/Uni-Angehörige fühlen sich heute mehr gestresst als vor drei Jahren?
- Wie hoch ist jeweils der Anteil der gestressten Kollegen/Uni-Angehörigen unter den Frauen bzw. unter den Männern?

Wenn Sie in einer größeren Firma/Institution arbeiten, machen Sie die Umfrage bitte in Ihrer Abteilung. Bei kleinen Firmen/Institutionen befragen Sie die ganze Belegschaft. Studierende befragen die Mit-Studierenden und Lehrenden im gleichen Semester.

2 Stressmodelle

Der Begriff „Stress" setzt also v.a. an zwei verschiedenen Punkten desselben Phänomens an:

- Der Mediziner *Hans Selye* und seine Schüler betrachten Stress in erster Linie aus biologischer Sicht: **biologisches Stressmodell.**
- Für den Psychologen *Richard Lazarus* (1922–2002) und seine Schüler stehen dagegen die psychosozialen Aspekte sowie die Stressbewältigung im Vordergrund ihres wissenschaftlichen Interesses: **transaktionales Stressbewältigungsmodell.**

2.1 Das biologische Stresskonzept

Unser Körper reagiert auf Stressoren in einer uns angeborenen, spezifischen Art und Weise. Wenn wir uns bedroht fühlen, kommt es zu einer **Stressreaktion,** die immer gleich abläuft. Situationen, die von uns als Gefahr eingestuft werden, setzten ein Alarmsystem in Gang, das verschiedene körperliche Reaktionen hervorruft, die letztendlich unserem Überleben dienen sollen. Dabei werden u.a. **Stresshormone** (wie Adrenalin und Kortisol) ausgeschüttet. Sie sorgen v.a. dafür, dass dem Körper Energie in Form von Zucker oder Fett zur Verfügung gestellt wird und dass in den Muskeln ausreichend Blut vorhanden ist.

Die Stressreaktion ist aus entwicklungsgeschichtlicher Sicht eine sehr alte, sinnvolle Reaktion. Unsere menschlichen und tierischen Vorfahren wurden dadurch in die Lage versetzt, bei plötzlicher Gefahr (z.B. wenn sie einem wilden Tier gegenüberstanden) so schnell wie möglich zu kämpfen oder wegzulaufen: **Kampf- und Flucht-Reaktion.** Auch heute noch gibt es viele Situationen, in denen wir von einer schnell ablaufenden Stressreaktion profitieren.

Übung

Vertiefen Sie sich bitte in Abbildung 2-1 und achten Sie dabei auf Ihre Reaktionen!

Abbildung 2-1: Damit Sie sich etwas besser in die Lage Ihrer Vorfahren hineinversetzen können, stellen Sie sich bitte vor, Sie ständen diesem Amurtiger direkt gegenüber!
Quelle: Wikipedia, Derek Ramsey, s. Linkverzeichnis [4] in Kap. 11.

Bevor wir nun auf die *physiologischen*[6] Grundlagen der Stressreaktion näher eingehen, lesen Sie bitte die kurze Zusammenfassung eines Textes aus der Zeitschrift „Gehirn & Geist“ in Box 1.

Box 1: Ötzis Erbe

Die Autoren stellen sich Ötzi als Hirten im September 3003 v. Chr. vor, der auf einer Sommerweide in den Alpen seine Schafe gehütet hat und sich auf dem Abstieg ins Tal befindet. Als das Wetter plötzlich umschlägt und Schneetreiben einsetzt, kommen in der Dämmerung Wölfe auf ihn zu. Sofort wird Ötzis Organismus in Alarm- und Verteidigungsbereitschaft versetzt. Gleichzeitig startet in seinem Körper ein Überlebensprogramm, mit dessen Hilfe Energiereserven mobilisiert werden. Die Wölfe greifen noch nicht an. Daher sorgt sein Körper nun über viele Stunden dafür, dass er hellwach, aufmerksam und kampfbereit bleibt, sodass er unmittelbar auf jede Änderung in seiner Umgebung reagieren kann. Schließlich kommen ihm Bewohner seines Dorfes im Tal zur Hilfe, sodass er sich mit seinen Schafen in Sicherheit bringen kann.

Die Autoren zeigen dann, dass diese Kampf- oder Flucht-Reaktion noch immer tief in jedem Menschen verankert ist. Sie beschreiben Ötzis Nachfahren Otto in unserer heutigen Welt. Otto ist ein kaufmännischer Angestellter in einer deutschen Großstadt. Als er morgens mit seinem Golf im dichten Berufsverkehr zur Arbeit fährt, drängt sich ein BMW plötzlich in die Lücke vor ihm. Ottos Organismus reagiert ähnlich wie Ötzis Körper angesichts des Wolfes – mit einer Alarmreaktion. Im Verlauf des Morgens kommen noch weitere Nachrichten auf ihn zu, die er als Gefahr und Bedrohung erlebt. Der Kurs seiner neu erworbenen Aktien ist tief gefallen, sein Chef

6 *physiologisch* bedeutet in diesem Zusammenhang: den normalen Lebensvorgängen entsprechend

verlangt von ihm kurzfristig die Vorbereitung einer Konferenz, die eigentlich erst in zwei Tagen stattfinden sollte, sein Computer stürzt ab, seine Abteilung soll neu strukturiert werden, ohne dass er ein Mitspracherecht dabei hätte. Jedes Mal reagiert sein Körper so, als stände ihm ein echtes Raubtier gegenüber ...

(Quelle: Sandmeyer P, Sadre-Chirazi-Stark M. Ötzis Erbe. Gehirn & Geist 2004; 2: 38–42)

Doch was genau passiert bei einer Stressreaktion in unserem Körper?

2.1.1 Ablauf einer Stressreaktion

Die Informationen über den Tiger oder die Wölfe, denen Sie gerade gegenüberstehen, gelangen über Ihre Sinnesorgane in das Großhirn und ins *limbische System* (s. Abbildung 2-2). Hier findet eine erste Bewertung dieser Situation statt. Sie ordnen diese Situation sehr schnell als Stresssituation ein und senden Signale an den *Hypothalamus*[7]. Die Signale aus dem Hypothalamus aktivieren das sympathische Nervensystem (s. u.).

Definition „Limbisches System“
Das limbische System ist eine saumförmige Struktur in unserem Gehirn, die sich um den Thalamus und die Basalganglien herum befindet. Zu ihr gehören u. a. der Mandelkern (Amygdala), der Hippocampus und der Fornix. Zur Physiologie des limbischen Systems s. Linkverzeichnis [5] in Kap. 11.

Sympathikus-Nebennierenmark-Achse (SNN-Achse)

Mit der Aktivierung des sympathischen Nervensystems wird die Sympathikus-Nebennierenmark-Achse (s. Abbildung 2-3) in Gang gesetzt.

Das **sympathische Nervensystem** (Sympathikus) ist Teil des vegetativen Nervensystems und dabei der Gegenspieler (Antagonist) des parasympathischen Nervensystems (Parasympathikus). Beide regulieren die Tätigkeit unserer inneren Organe. Aufgabe des Sympathikus ist es, uns in **Handlungsbereitschaft** zu versetzen.

Hierbei

- erweitern sich die Pupillen (→ Sie können den Tiger besser sehen).
- erweitern sich die Bronchien (→ es wird mehr Sauerstoff aufgenommen).
- wandelt die Leber vermehrt *Glykogen*[8] in *Glukose*[9] um (→ der schnell verfügbare Zucker wird dann ins Blut abgegeben).
- wird die Herzschlagfrequenz erhöht (→ Sauerstoff und Zucker werden schneller zu den Muskeln und zum Gehirn transportiert).

7 Der *Hypothalamus* liegt im Zwischenhirn. Er ist das wichtigste Steuerungszentrum des vegetativen Nervensystems (Eingeweidenervensystem) und regelt u. a. das innere Milieu in unserem Körper.
8 *Glykogen:* Speicherform des Zuckers im menschlichen Körper; ein Vielfachzucker
9 *Glukose:* Traubenzucker, ein Einfachzucker; wird als Energielieferant benötigt

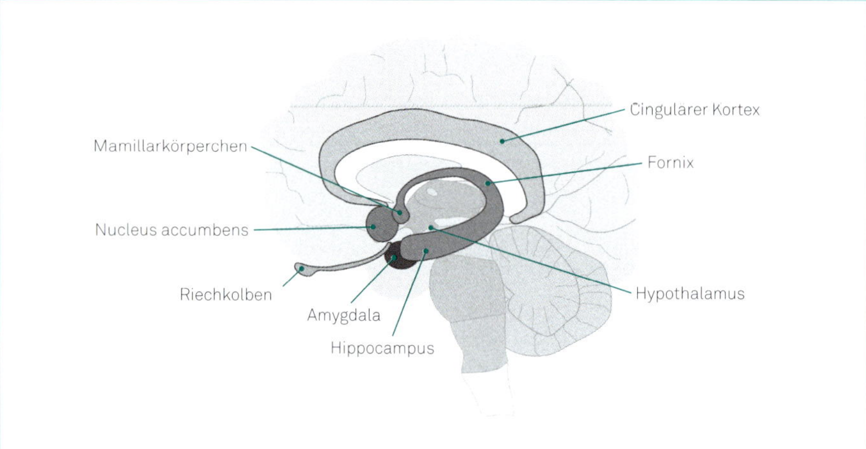

Abbildung 2-2: Stress entsteht im Gehirn! An der Stressauslösung sind zahlreiche Hirnabschnitte beteiligt, u. a. der Mandelkern (Amygdala) und der Hypothalamus.
Quelle: Abdruckgenehmigung erteilt durch Dr. rer. nat. Andrea T. U. Schäfers. Gehirn und Lernen. Das limbische System; s. Linkverzeichnis [6] in Kap. 11.

Gleichzeitig werden die Verdauungsaktivität und die sexuelle Aktivität gehemmt.

Parallel dazu aktiviert der Sympathikus das **Nebennierenmark**. Die dort gebildeten Hormone und Nervenüberträgerstoffe Adrenalin und Noradrenalin verstärken die Sympathikus-Wirkung.

Definition „Nebennierenmark"

Das Nebennierenmark (NNM) ist Teil der Nebenniere. Die Nebennieren sind Hormondrüsen, die kappenartig auf den oberen Polen der beiden Nieren sitzen. Das im Inneren gelegene NNM produziert die beiden Hormone Adrenalin und Noradrenalin. Beide Substanzen wirken auch als Nervenüberträgerstoffe (Neurotransmitter) im zentralen Nervensystem (ZNS) und im sympathischen Nervensystem.

Dies führt dazu, dass

- der Abbau von Glykogen in den Muskeln und der Leber gefördert wird (→ es steht mehr Zucker als Energielieferant zur Verfügung).
- Fettsäuren aus dem Fettgewebe freisetzt werden (→ es stehen nun auch Fettsäuren als Energielieferanten zur Verfügung).
- die *Insulinausschüttung* unterdrückt wird (→ die Aufnahme von Zucker in die Körperzellen zur Speicherung des Zuckers in Form von Glykogen wird gehemmt).
- die Herzleistung gesteigert wird (→ Sauerstoff und Zucker werden noch schneller zu den Muskeln und zum Gehirn transportiert).
- sich die Blutgefäße in den Skelettmuskeln erweitern (→ die Muskeln erhalten mehr Blut und damit mehr Sauerstoff sowie mehr Zucker und Fettsäuren als Energielieferanten).

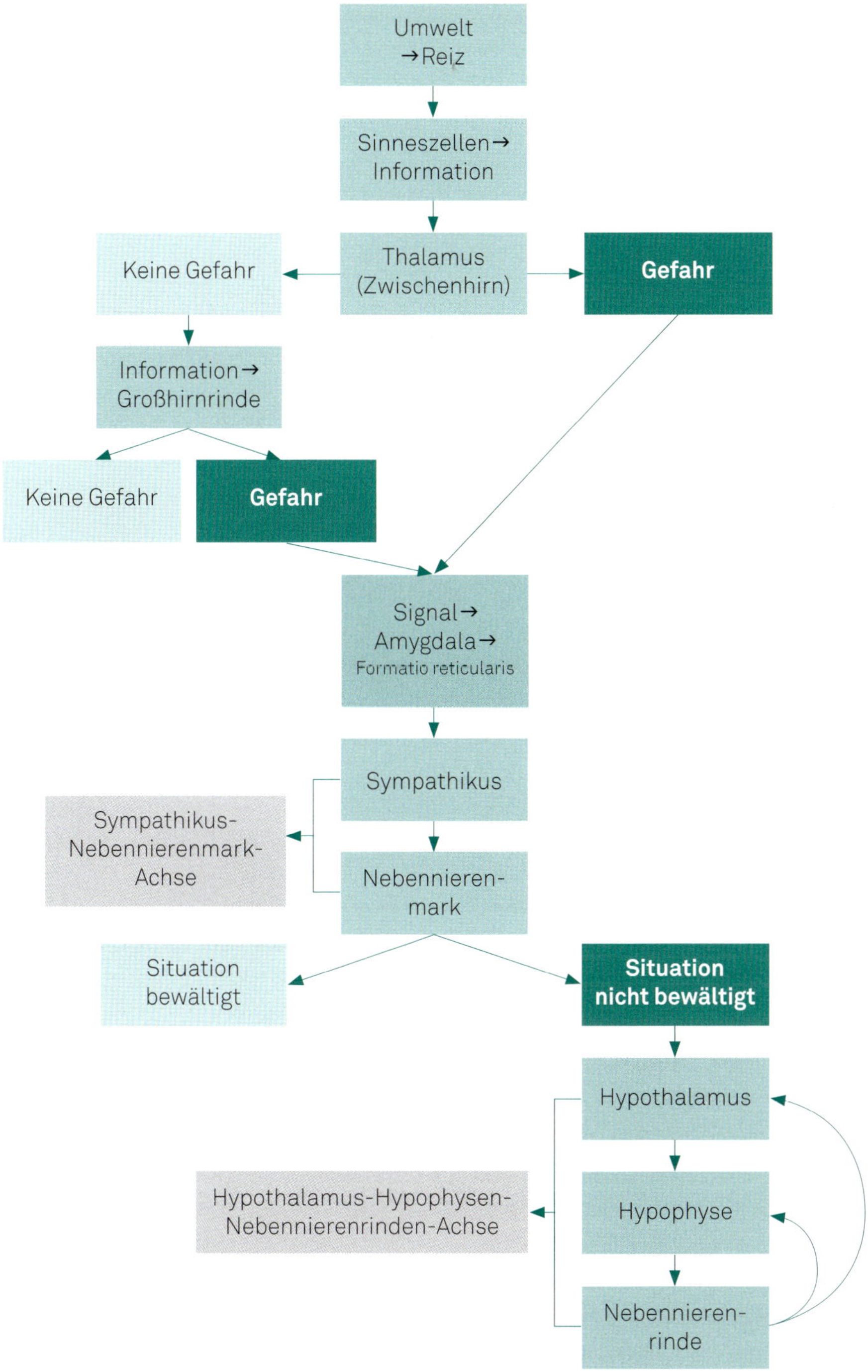

Abbildung 2-3: Ablauf der verschiedenen Phasen einer Stressreaktion (Erläuterung s. Text).

- sich die Blutgefäße in den Eingeweiden verengen (→ die Verdauungsorgane werden mit weniger Blut versorgt, da ihre Aktivität zurzeit gehemmt ist).

Definition „Insulin"
Insulin ist ein Hormon der Bauchspeicheldrüse. Es senkt den Blutzuckerspiegel dadurch, dass es die Aufnahme von Glukose (Traubenzucker) in die Zellen ermöglicht.

Hypothalamus-Hypophysen-Nebennierenrinden-Achse (HHN-Achse)

Der Hypothalamus im Zwischenhirn aktiviert jedoch nicht nur den Sympathikus. Wird die Gefahrensituation nicht umgehend beseitigt, setzt er sogenannte **Releasing-Hormone**[10] (Releasing Factors) frei, die die Stressreaktion intensivieren und ausweiten. Die im Hypothalamus gebildeten Releasing-Hormone sind Substanzen, die in der angrenzenden Hirnanhangdrüse (Hypophyse) die Freisetzung von weiteren Hormonen veranlassen. Das Hypophysenhormon ACTH (= Adrenokortikotropes Hormon) wirkt nun auf die Nebennierenrinde (NNR; s. Abbildung 2-4) ein. ACTH wird oft als Stresshormon bezeichnet, da es in Stresssituationen vermehrt ausgeschüttet wird. Es bewirkt in der Nebennierenrinde die Freisetzung von **Glukokortikoiden** (v.a. von Kortisol). Glukokortikoide sind Hormone, die den Stoffwechsel, den Wasser- und Elektrolythaushalt, das Herz-Kreislauf-System und das Nervensystem beeinflussen. Darüber hinaus wirken sie entzündungshemmend und unterdrücken die Immunreaktion im Körper (d.h. sie wirken immunsuppressiv).

Viele dieser Kortisol-Wirkungen benötigt der Organismus, um sich an eine akute Stresssituation anzupassen. So bewirkt Kortisol die **Bildung von Glukose** (im Rahmen der *Glukoneogenese)*, sodass dem Körper mehr Energie zur Verfügung steht. Darüber hinaus wird die energieverbrauchende Immunabwehr unterdrückt, was ebenfalls dazu führt, dass dem Körper nun noch mehr Energie zur Verfügung steht, um die Stresssituation zu bewältigen.

Definition „Glukoneogenese"
Als Glukoneogenese bezeichnet man die Neubildung von Glukose aus Substanzen, die aus dem Eiweiß- und Fettstoffwechsel stammen. Sie findet v.a. in der Leber und in der Nierenrinde statt, in geringeren Mengen auch im Gehirn sowie in der Skelettmuskulatur und im Herzmuskel.

Die Hypophysenhormone stimulieren jedoch nicht nur die Nebennierenrinde im Rahmen der HHN-Achse, sondern wirken parallel dazu auch auf die Schilddrüse ein. Die dadurch vermehrt freigesetzten Schilddrüsenhormone führen längerfristig zu einer Steigerung des gesamten Stoffwechsels im Körper (der **Grundumsatz** steigt) und zu einer

10 von *to release* (engl.): freisetzen, freigeben

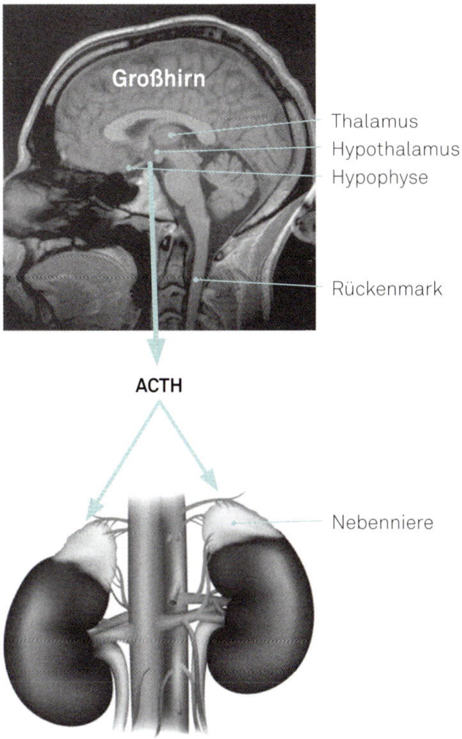

Abbildung 2-4: Die Hypothalamus-Hypophysen-Nebennierenrinden-Achse. ACTH = Adrenokortikotropes Hormon.
Quellen: Gehirn: Chrischan (Christian R. Linder) at the German language Wikipedia, s. Linkverzeichnis [7] in Kap. 11; Nieren mit Nebennieren: reineg – Fotolia.com # 63326616.

Erhöhung der Körpertemperatur. Darüber hinaus stimulieren sie wiederum den Sympathikus (s. SNN-Achse). Parallel dazu hemmen sie die Ausschüttung von Hypothalamus- und Hypophysenhormonen (s. u. Negatives Feedback).

Definition „Grundumsatz"
Unter dem Grundumsatz versteht man die Energiemenge, die ein Körper pro Tag bei 28 °C, nüchtern und in völliger Ruhe zur Aufrechterhaltung seiner Funktionen benötigt.

Hypophyse und Hypothalamus bilden im Verlauf der Stressreaktion auch **Endorphine** (körpereigene, dem Opium ähnliche Substanzen), die die Schmerzempfindung dämpfen und zu einer Steigerung der Körpertemperatur führen. Ein wichtiger Grund für die Dämpfung der Schmerzempfindung im Rahmen einer Stressreaktion ist folgender: Stellen Sie sich hierzu vor, der Tiger, der sie bedroht, hat Sie verletzt. Normalerweise würden die Schmerzen, die Sie nun empfinden, dazu führen, dass Sie nicht mehr in der Lage wären, sich darauf zu konzentrieren, wie Sie den Tiger ausschalten oder vor ihm fliehen können. Die Dämpfung der Schmerzempfindung z.B. bei Überanstrengung oder bei Verletzung erlaubt es Ihnen also, noch weiter aktiv zu sein, bis die Gefahr gebannt ist. Gleichzeitig führt die erhöhte Körpertemperatur, die ebenfalls durch die Endorphin-Ausschüttung hervorgerufen wird, dazu, dass Stoffwechselvorgänge schneller ablaufen. Dadurch kann die benötigte Energie schneller zur Verfügung gestellt werden.

2.1.2 Beendigung oder Chronifizierung der Stresssituation

Wenn die Stresssituation beendet ist oder wenn sich der Organismus an die Situation angepasst hat, kommt es zu einer Rückregulation der Vorgänge. Durch ein sogenanntes **negatives Feedback** wird die Ausschüttung der Hypothalamus- und Hypophysenhormone gebremst, sodass nun auch wieder weniger Glukokortikoide (und weniger Schilddrüsenhormone) gebildet werden. Auf diese Weise ist gewährleistet, dass eine Stressreaktion wieder abgeschaltet werden kann, wenn keine Stressoren mehr auf uns einwirken.

Definition „Negatives Feedback“
Als negatives Feedback bezeichnet man die negative Rückkopplung in einem Regelkreis. Die Ausschüttung eines Produktes führt beispielsweise dazu, dass die Ausschüttung der Substanz, die die Ausschüttung dieses Produktes veranlasst hat, gebremst wird.

Bei einer lang andauernden, chronischen Belastung kann es jedoch dazu kommen, dass die Produktion dieser „Stresshormone“ über einen längeren Zeitraum auf hohem Niveau weiterläuft. Dadurch können vielerlei Störungen auftreten, so z.B. in den Bereichen Stoffwechsel, Immunabwehr und Herz-Kreislauf-System. Darüber hinaus kann der hohe Stresspegel zu Lern- und Gedächtnisstörungen und schließlich auch zu einer Depression führen (s. Kap. 4).

Aufgabe 2

Sie haben sich beim Durcharbeiten dieses Kapitels vorgestellt, dass Sie einem Tiger direkt gegenüber stehen. Schildern Sie die biologischen Abläufe in Ihrem Körper als Folge dieser Stresssituation.

2.2 Das transaktionale Stressbewältigungsmodell

Das transaktionale Stressbewältigungsmodell nach *Richard Lazarus* betrachtet das Phänomen Stress aus einer ganz anderen Perspektive. Nach *Bolliger-Salzmann* beschreiben der Psychologe *Lazarus* und seine Schüler Stresssituationen als komplexe Wechselwirkungsprozesse zwischen den Anforderungen einer Situation und der darin handelnden Person. Wichtig sind dabei die jeweiligen Bewältigungsmöglichkeiten **(Ressourcen)**, die der betroffenen Person zur Verfügung stehen.

Ablauf einer Stresssituation nach *Lazarus* (s. Abbildung 2-5):

- **Primäre Bewertung:** *Lazarus* geht davon aus, dass Personen in einer solchen Situation zuerst einmal eine Einschätzung des Stresszustands vornehmen. Dies tun sie, indem sie die Situation wahrnehmen und sie dann als für sie „positiv“, „gefährlich“ oder „irrelevant“ bewerten.
- **Sekundäre Bewertung:** In einem zweiten Schritt werden danach die persönlichen Bewältigungsmöglichkeiten eingeschätzt („Stehen mir die entsprechenden Ressourcen zur Verfügung, mit denen ich den Stressor bewältigen kann?“):
  - Beantwortet die betroffene Person die Frage mit „Ja“, sind ausreichende Ressourcen vorhanden. Es entsteht kein Stress.
  - Beantwortet die betroffene Person dies jedoch mit „Nein“, verfügt sie also nicht über die entsprechenden Ressourcen, gerät sie in **Stress**.
- **Coping:** Bei Stress kann die betroffene Person **Coping-Maßnahmen** einleiten, um die anfangs (d.h. bei der primären Bewertung) als herausfordernd, bedrohlich oder schädigend erlebte Situation zu bewältigen. Typische Verhaltensweisen beim Umgang mit einer Bedrohung (d.h. beim Coping) sind z.B. Flucht, aggressives Verhalten, Änderung des Verhaltens, Änderung der stressverursachenden Bedingung oder auch Verleugnung der Situation.
- **Neubewertung:** Die betroffene Person lernt beim Umgang mit Stress, dass eine Verhaltensweise in einer solchen Situation mehr oder weniger erfolgreich sein kann. In ähnlichen Situationen kann sie daher eine erfolgversprechende Bewältigungsstrategie auswählen und einsetzen.

Aufgabe 3

Während Ihrer Arbeit werden Sie seit einiger Zeit ständig durch neu eintreffende E-Mails gestört. Ihr Vorgesetzter bzw. Ihre Mit-Studierenden und Professoren gehen davon aus, dass Sie diese E-Mails zeitnah beantworten. Ihnen bereiten die ständigen Unterbrechungen ihrer Tätigkeit jedoch großen Stress.
Bitte beschreiben Sie die Abläufe im Zusammenhang mit dieser Stresssituation anhand des transaktionalen Stressbewältigungsmodells nach *Lazarus*!

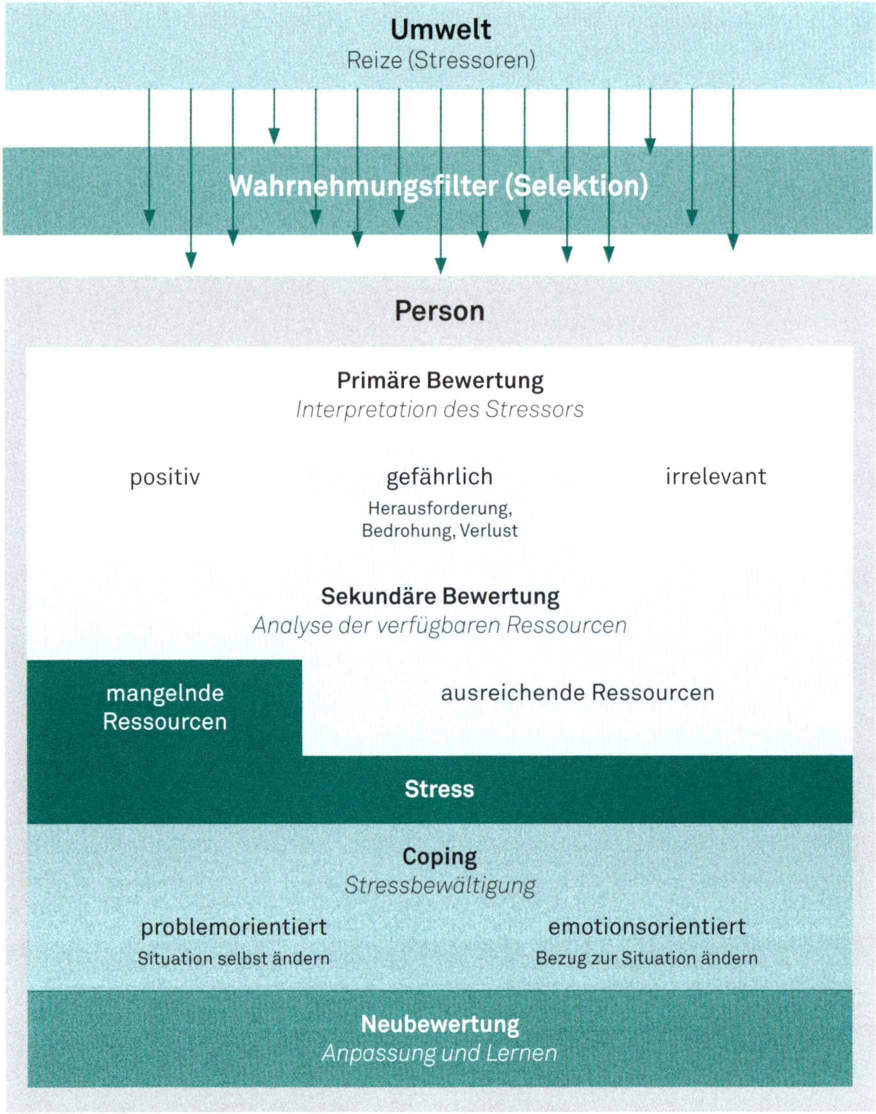

Abbildung 2-5: Stressmodell nach *Richard Lazarus*.
Quelle: Wikipedia, Philipp Guttmann, s. Linkverzeichnis [8] in Kap. 11.

3 Ursachen und Symptome von Stress

Wie schon die vorangegangenen Kapitel zeigen, gibt es nicht **die** eine Ursache für Stress. Das, was bei uns Stress hervorruft, kann von Mensch zu Mensch sehr verschieden sein. Ebenso sind die Stresssymptome - d.h. die Anzeichen, mit denen sich Stress äußert - überaus vielfältig.

3.1 Stressursachen

Stressoren oder Stressfaktoren sind die inneren und äußeren Reize, die auf uns einwirken und von uns eine Anpassungsreaktion erfordern. Solche Stressoren können sehr verschieden sein (s. Abbildung 3-1). Es ist klar, dass beispielsweise Terror, Kriegssituationen, Vertreibung, Naturkatastrophen, Gewalt und Verbrechen zu Stress bei den betroffenen

Abbildung 3-1: Stressursachen.

Menschen führen. Sie gehen mit Angst und dem Gefühl der Bedrohung einher. Nicht selten sind die Betroffenen für lange Zeit traumatisiert. Aber auch andere unvorhergesehene Situationen und Unfälle können Stress auslösen. Alle die genannten Faktoren wirken von außen auf uns ein. Ein äußerer Reiz kann z.B. aber auch der Lärm einer nächtlichen Fete in der Nachbarwohnung oder der Baulärm am Arbeitsplatz sein. Lärm ist hier ein physikalischer Stressor, ebenso wie es beispielsweise Hitze oder Nässe sein können. Auch Hunger, Schmerz und Behinderung können Stress bei uns auslösen. Darüber hinaus gibt es eine Vielzahl von sozialen Stressoren. Stress hervorrufen können z.B. die Probleme, die wir innerhalb einer Beziehung haben, aber auch Mobbing am Arbeitsplatz oder in der Schule sowie fehlender sozialer Rückhalt. Auch Zeitdruck oder Überforderung können zu Stress führen. Weiterhin können uns beispielsweise Einsamkeit oder die Trennung von einer uns wichtigen Person nicht nur unglücklich machen. Sie können auch Stress bei uns auslösen. Überhaupt können zwischenmenschliche Beziehungen wichtige Stressauslöser sein, nicht nur in der Familie und im Freundeskreis, sondern auch am Arbeitsplatz. Zwischenmenschliche Konkurrenz kann dort zu Konflikten führen und Stress auslösen.

Darüber hinaus gibt es auch noch persönlichkeitsbedingte Stresssituationen. Sie entstehen häufig bei Menschen, die über ungenügende Problemlösungskompetenzen verfügen, die perfektionistisch sind oder die ein starkes Kontrollbedürfnis verspüren.

Im Jahr 2013 wurde im Rahmen der bereits zitierten Forsa-Umfrage im Auftrag der Techniker Krankenkasse auch ermittelt, welche Stressursachen in Deutschland vorherrschen. Erwachsene Menschen in Deutschland fühlen sich am häufigsten durch Beruf, Schule oder Studium gestresst (s. Abbildung 3-2).

Männer nannten diesen Punkt noch öfter als Frauen (♂ 52 % vs. ♀ 43 %). Anders sieht das Geschlechterverhältnis bei der nächsthäufigen Stressursache aus. Frauen gaben wesentlich öfter als Männer an, dass hohe Ansprüche an sich selbst bei ihnen Stress auslösen (♂ 35 % vs. ♀ 48 %). Als weitere Stressauslöser wurden u.a. private Konflikte (♂ 33 % vs. ♀ 36 %), Krankheiten von nahestehenden Personen (♂ 30 % vs. ♀ 34 %), Geldsorgen (♂ 27 % vs. ♀ 28 %), Haushalt (♂ 14 % vs. ♀ 31 %) und Kindererziehung (♂ 17 % vs. ♀ 27 %) genannt. Die Zahlen zeigen sehr deutlich, dass das, was uns stresst, noch immer sehr stark geschlechtsabhängig ist. Sie spiegeln das (noch) vorherrschende Rollenmodell wider, in dem v.a. Frauen für Haushalt, Kindererziehung und die Pflege eines Angehörigen zuständig sind, Männer dagegen eher „für das Geldverdienen". Dass die besonders hohen Ansprüche an sich selbst bei Frauen verstärkt zu Stress führen, könnte damit zusammenhängen, dass sich Frauen in unserer Gesellschaft oft gezwungen sehen, gleichzeitig mehrere Rollen (als Berufstätige, Mutter, Pflegeperson etc.) gut auszufüllen und dass sie sich dabei nicht immer ausreichend unterstützt fühlen.

Bei den angeführten Gründen spielen zum einen sogenannte Zivilisations-Stressoren und zum anderen Stressoren im Zusammenhang mit der Familie und familiären Bindungen eine wichtige Rolle. Am häufigsten entsteht Stress jedoch im Umfeld von Arbeit bzw. Schule oder Studium.

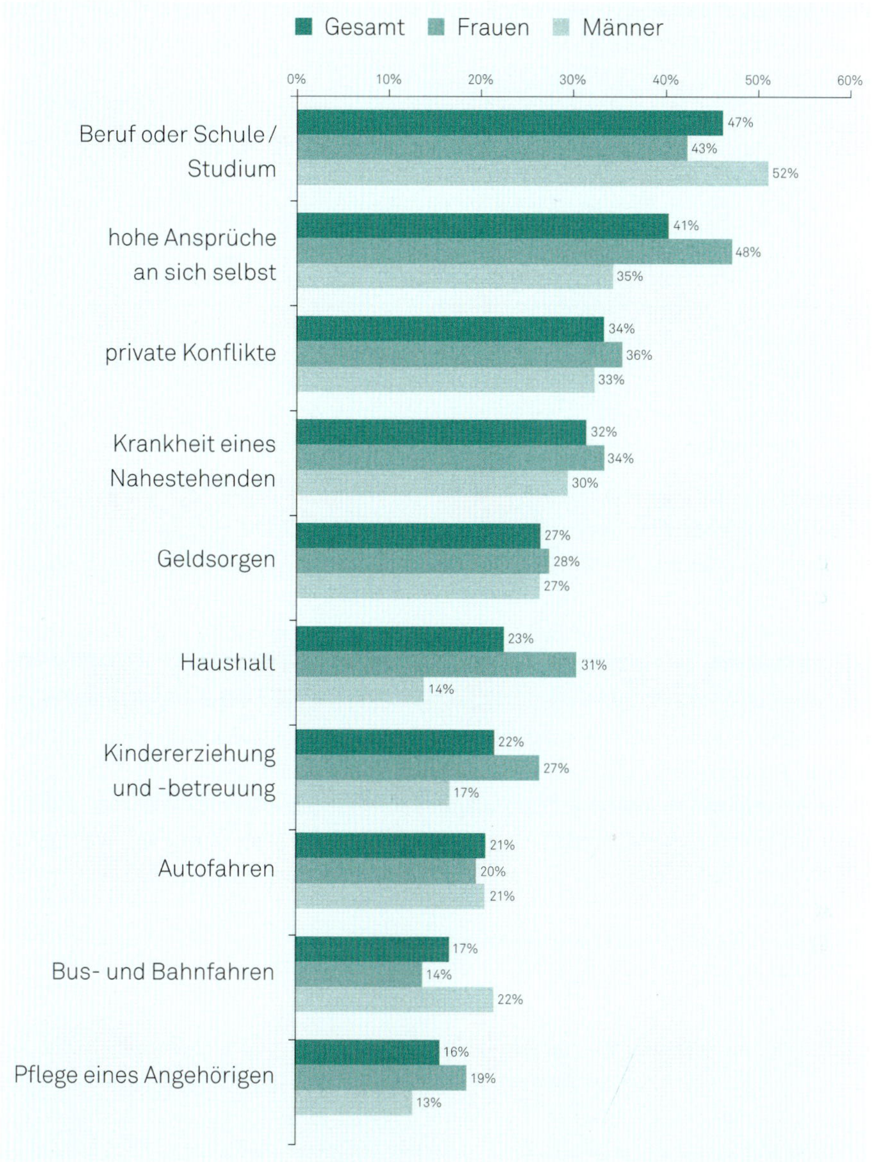

Abbildung 3-2: Stressauslösende Gründe bei Frauen und Männern in Deutschland, die sich manchmal oder häufig gestresst fühlen. Ergebnisse einer Forsa-Umfrage im Auftrag der Techniker Krankenkasse im September 2013. Es waren Mehrfachnennungen möglich.
Quelle: nach den Daten der Broschüre „Bleib locker, Deutschland! TK-Studie zur Stresslage der Nation", 10/2013. Mit freundlicher Genehmigung der Techniker Krankenkasse vom 05.01.2017.

Zivilisations-Stressoren sind z. B.:
- Informationsüberflutung
- Lärm
- Mobilitätsanforderungen („Verkehrsstress“)
- Einsamkeit bei Menschendichte („alleine im Großstadtdschungel“)

Zu den Stressoren im Zusammenhang mit **Familie** und **familiären Bindungen** gehören z. B.:
- Doppel- bzw. Mehrfachbelastungen
- Auflösung familiärer Bindungen
- Auflösung traditioneller Rollenverständnisse
- Pflege von kranken Angehörigen
- finanzielle Belastungen
- räumliche Enge

Am **Arbeitsplatz** können zahlreiche innere und äußere Reize zur Auslösung von Stress führen. Ein Arbeitsplatz, der bei den meisten Betroffenen Stress verursacht, könnte z. B. durch starken Zeitdruck, häufige bzw. schwelende Konflikte oder auch durch starken Lärm gekennzeichnet sein. Ob ein Mensch seinen Arbeitsplatz als stresserzeugend erlebt, kann also von Aspekten der Arbeit, von der Organisation der Arbeit sowie vom Arbeitsumfeld abhängig sein. Eine Zusammenstellung von Gründen, die zu Stress am Arbeitsplatz führen können, zeigt Box 2. Die dort genannten Gründe sind solche, die im Zusammenhang mit der **Arbeitsaufgabe**, mit **sozialen** und mit **organisatorischen Faktoren** stehen. Insbesondere Management- und Führungsprobleme spielen dabei eine große Rolle. Sie spiegeln die jeweilige Betriebskultur einer Firma wider und wirken sich auf das Betriebsklima aus. Auf Youtube ist ein illustrierendes Video der Deutschen Welle (DW) zu „Stress am Arbeitsplatz“ veröffentlicht, s. Linkverzeichnis [9] in Kap. 11.

Box 2: Was führt zu Stress am Arbeitsplatz?
- Zeit- und Termindruck
- zu viel Arbeit
- schwierige Arbeitsaufgaben
- Angst vor Arbeitsplatzverlust
- Probleme mit Vorgesetzten
- Einführung neuer Arbeitsmethoden und Techniken
- Probleme mit den Kollegen
- fehlende oder unzureichende Informationen durch die Vorgesetzten und Kollegen
- unklare Zielvorgaben
- mangelnde Anerkennung der Leistung (kein positives Feedback)
- mit Aufgaben überhäuft zu werden, ohne eigene Prioritäten setzen zu können
- keine oder zu wenig Gespräche
- unvorhergesehene Änderungen der Arbeitssituation ohne vorherige Absprache und Vorbereitung
- mangelndes Verständnis von Vorgesetzten und Kollegen für Schwierigkeiten im beruflichen und privaten Bereich

Darüber hinaus können jedoch auch die **physikalischen Arbeitsbedingungen** wie schlechte Beleuchtung, Blendung, Durchzug, unangenehme Gerüche, Lärm, unpassendes Raumklima (Hitze, Kälte), Vibration oder eine ungünstige Arbeitsplatzgestaltung bzw. nicht passende Werkzeuge und Geräte zu Stress am Arbeitsplatz führen.

Etwas anders sehen die Gründe für **Stress bei Studierenden** aus. Neben dem häufig genannten Prüfungsstress werden immer wieder auch Arbeits- und Konzentrationsstörungen, Überforderung, Schwellenangst vor ungewohnten Aufgaben (z. B. dem Schreiben einer Bachelor-Arbeit), Probleme mit der Ablösung vom Elternhaus und dem Selbstständig-Werden sowie Unklarheit über die berufliche Zukunft angeführt.

3.2 Stressverstärker

Bereits vorhandener Stress kann durch sogenannte persönliche Stressverstärker, insbesondere durch einen stressverstärkenden Denkstil erhöht werden.

Persönliche Stressverstärker sind z. B.:

- das Neigen zu Perfektionismus
- das Neigen zur „Einzelkämpfer"-Mentalität
- der Anspruch, alles selbst machen zu wollen
- Ungeduld
- eigene Grenzen missachten (alles auf einmal wollen)
- es allen recht machen wollen („braves Kind")
- unrealistische Erwartungen an andere Menschen
- „feste" Vorstellungen (→ es ist eine Katastrophe, wenn etwas nicht so ist, wie es sein sollte)
- das Neigen zur „Opferhaltung" (Einstellungen der Hilflosigkeit und Hoffnungslosigkeit)
- Stress als Ablenkung von der inneren Leere, von Gefühlen der Sinnlosigkeit oder der Einsamkeit (Flucht)

Persönliche Stressverstärker sind somit persönliche Einstellungen und Motive, aber auch Erfahrungen, die man früher schon einmal gemacht hat, daraus folgende Bewertungen

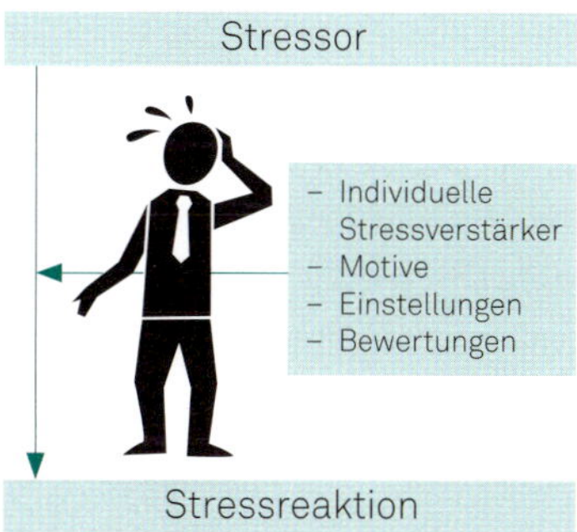

Abbildung 3-3: Vom Stressor zur Stressreaktion.

von Situationen sowie Ansprüche an sich selbst. Sie tragen dazu bei, dass eine Stressreaktion in Gang gesetzt und dann ggf. auch verstärkt wird (s. Abbildung 3-3). Da es sich um Faktoren handelt, die im „So-Sein“ einer Person begründet sind, sind persönliche Stressverstärker individuell verschieden. Daher rufen bestimmte Situationen bei manchen Menschen starken Stress hervor, während sie bei anderen Menschen kaum Reaktionen auslösen.

Von besonderer Bedeutung ist hierbei ist ein sogenannter **stressverstärkender Denkstil**. Er ist dadurch gekennzeichnet, dass die Betroffenen

- negative Ereignisse/Erfahrungen selektiv wahrnehmen (positive Aspekte werden ausgeblendet),
- negative Ereignisse/Erfahrungen selektiv verallgemeinern („alles ist schlecht“),
- die Folgen negativer Ereignisse überbewerten (Katastrophisieren),
- alles auf sich beziehen (Personalisieren) und
- ihre Wünsche zu absoluten Forderungen übersteigern (das „muss“ jetzt unbedingt sein).

Ungesunder Lebensstil als Stressverstärker

Menschen, die sich chronisch gestresst fühlen, pflegen in vielen Fällen auch einen ungesunden Lebensstil. Sie ernähren sich im Durchschnitt weniger gesund (z. B. zucker- und fettreich), bewegen sich weniger, rauchen vermehrt, konsumieren übermäßig Alkohol und/oder schlafen schlechter. Wie bereits gezeigt wurde, können einige dieser Merkmale Stresssymptome sein. Andererseits können sie aber auch auf einen vorhandenen ungesunden Lebensstil hinweisen und als Stressverstärker fungieren.

Aufgabe 4

1. Was bereitet Ihnen Stress (z. B. im familiären und im beruflichen Bereich)? Ordnen Sie die gefundenen Stressoren bitte in die im Kapitel genannten Kategorien (Zivilisationsstressoren, Stressoren im Zusammenhang mit Familie/familiären Bindungen, physikalische Stressoren etc.) ein.
2. Befragen Sie Ihre Kollegen in Ihrem beruflichen Umfeld oder Ihre Mit-Studierenden, welche Faktoren sie im Zusammenhang mit ihrer Arbeit oder ihrem Studium als stressauslösend empfinden? Ordnen Sie diese Stressauslöser den vier Kategorien (Arbeitsaufgabe, soziale Faktoren, organisatorische Faktoren und physikalische Faktoren) zu, die im Arbeitsbereich eine Rolle spielen können!
3. Schauen Sie sich bitte die folgende Abbildung 3-4 zum Anforderungs-Ressourcen-Modell nach *Peter Becker* (1994) an. Hierbei handelt es sich um eine Weiterentwicklung des Transaktionalen Stressbewältigungsmodells nach *Lazarus* (s. Kap. 2.2). Versuchen Sie kurz (1 Seite) zu beschreiben, was die Abbildung darstellen soll (recherchieren Sie die Ihnen unbekannten Begriffe über Wikipedia).

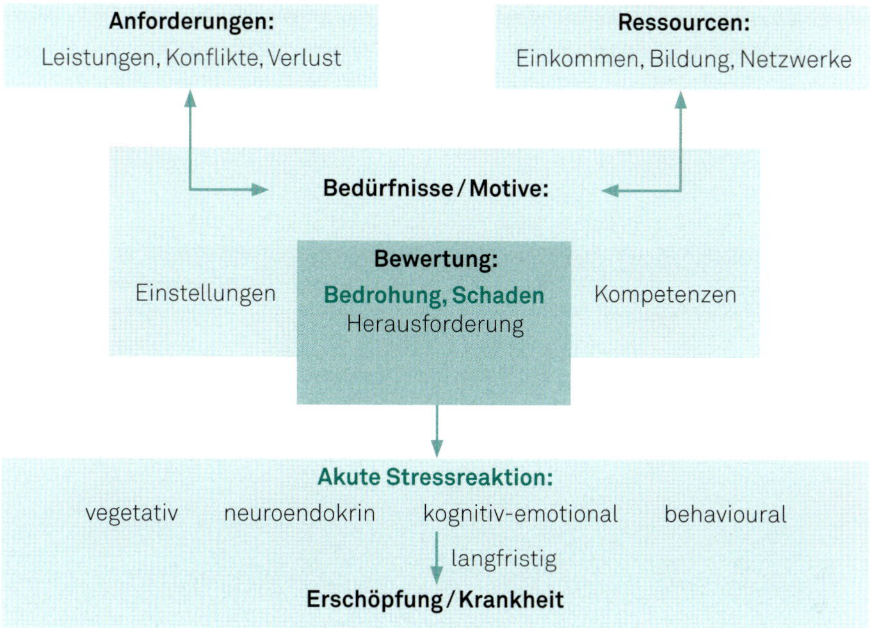

Abbildung 3-4: Anforderungs-Ressourcen-Modell nach *Becker*.

3.3 Stresssymptome

Wie zeigt sich Stress?

In der Regel sind es uncharakteristische Symptome, die auf Stressreaktionen hinweisen können. Diese Symptome können körperlicher oder psychischer Art sein bzw. sich auch im Verhalten eines Menschen zeigen.

- **Körperliche Symptome:** Hierzu gehören z.B. Verspannungen, Verdauungsprobleme, Kopfschmerzen, Herz-Kreislauf-Probleme (wie ein erhöhter Blutdruck und eine erhöhte Herzschlagfrequenz) oder auch Schlafstörungen.
- **Psychische Symptome:** Typische Symptome sind hier das Gefühl von Überforderung, Gereiztheit, Nervosität, Selbstzweifel, Angstzustände oder Ärger.
- **Verhaltenssymptome:** Manche Menschen reagieren auf Stress z.B. mit aggressivem Verhalten anderen gegenüber. Sie trommeln mit den Fingern, knirschen mit den Zähnen oder fangen an zu stottern.

Die folgende Checkliste des Psychologen *Gert Kaluza* (s. Tabelle 3-1) zeigt körperliche, *emotionale*[11] und *kognitive*[12] Warnsignale sowie Warnsignale im Verhalten, die auf Stress hindeuten können. Bei einer Gesamtpunktzahl von 0–10 Punkten geht man von einer

11 *Emotion:* Gemütsbewegung, Gefühl
12 *Kognition:* „Denken" im umfassenden Sinne (Erinnern, Lernen, Kreativität, Planen etc.)

relativ guten gesundheitlichen Stabilität aus. Eine Gesamtpunktzahl von 11–20 Punkten zeigt, dass schon eine Kettenreaktion von körperlichen und seelischen Stressreaktionen stattfindet. Bei 21 Punkten und mehr ist bereits ein sogenannter Teufelskreis aus Verspannungen, emotionaler Belastung und Gesundheitsstörungen nachweisbar.

Tabelle 3-1: Checkliste „Warnsignale für Stress".

Warnsignale	stark	leicht	kaum/gar nicht	Punkte
Körperliche Warnsignale:				
Herzklopfen/Herzstiche	2	1	0	
Engegefühl in der Brust	2	1	0	
Atembeschwerden	2	1	0	
Einschlafstörungen	2	1	0	
chronische Müdigkeit	2	1	0	
Verdauungsbeschwerden	2	1	0	
Magenschmerzen	2	1	0	
Appetitlosigkeit	2	1	0	
sexuelle Funktionsstörungen	2	1	0	
Muskelverspannungen	2	1	0	
Kopfschmerzen	2	1	0	
Rückenschmerzen	2	1	0	
kalte Hände/Füße	2	1	0	
starkes Schwitzen	2	1	0	
Emotionale Warnsignale:				
Nervosität, innere Unruhe	2	1	0	
Gereiztheit, Ärger	2	1	0	
Angst, Versagensängste	2	1	0	
Unzufriedenheit, Unausgeglichenheit	2	1	0	
Lustlosigkeit (auch sexuell)	2	1	0	
innere Leere, „Ausgebrannt sein"	2	1	0	
Kognitive Warnsignale:				
ständig kreisende Gedanken/Grübeleien	2	1	0	
Konzentrationsstörungen	2	1	0	
Leere im Kopf („Black out")	2	1	0	
Tagträume	2	1	0	

Warnsignale	stark	leicht	kaum/gar nicht	Punkte
Albträume	2	1	0	
Leistungsverlust/häufige Fehler	2	1	0	
Warnsignale im Verhalten:				
aggressives Verhalten anderen gegenüber, „Aus der Haut fahren"	2	1	0	
Fingertrommeln, Fußescharren, Zittern, Zähneknirschen	2	1	0	
schnelles Sprechen oder Stottern	2	1	0	
andere unterbrechen, nicht zuhören können	2	1	0	
unregelmäßig essen	2	1	0	
Konsum von Alkohol oder Medikamenten zur Beruhigung	2	1	0	
private Kontakte „schleifen lassen"	2	1	0	
mehr Rauchen als gewünscht	2	1	0	
weniger Sport oder Bewegung als gewünscht	2	1	0	
Gesamt				

Quelle: nach Kaluza G. Stressbewältigung, Springer Verlag (2011). Mit freundlicher Genehmigung des GKM-Instituts für Gesundheitspsychologie vom 08.12.2014.

4 Stressfolgen und Stressfolgeerkrankungen

Die Stressreaktionen unseres Körpers können kurzfristig sehr sinnvoll sein. Sie ermöglichen es uns, in herausfordernden Situationen innerhalb von Bruchteilen einer Sekunde Entscheidungen zu treffen und schnell auf diese Situation zu reagieren. Der amerikanische Psychologe *Walter Cannon* (1871–1945) fasste die Reaktionsmöglichkeiten im Rahmen einer Stresssituation mit dem Begriff **„Fight-or-flight“** (= Kampf oder Flucht) zusammen.

Wenn eine Stresssituation aber lange andauert und wir uns ihr hilflos ausgeliefert fühlen, kommt es zu schwerwiegenden Folgen, die dann über kurz oder lang auch zu Stressfolgeerkrankungen führen können.

4.1 Stressfolgen

Stresssituationen gehen mit zahlreichen uncharakteristischen Symptomen einher (s. Kap. 3.2). Abbildung 4-1 fasst noch einmal zusammen, welche unmittelbaren und längerfristigen körperlichen Folgen Stress haben kann. Diese Folgen können – wenn sie länger andauern – zu Gesundheitsgefahren werden.

Langfristig gesundheitsschädigend sind insbesondere

- das chronisch erhöhte Aktivitätsniveau durch anhaltende Belastungen und fehlende Erholung,
- die anhaltende körperliche Erregung,
- die langfristig geschwächte Immunfunktion und
- das zunehmende gesundheitliche Risikoverhalten der Betroffenen (s. Kap. 3.1, Ungesunder Lebensstil als Stressverstärker).

4.2 Somatische Stressfolgeerkrankungen

Stressfolgeerkrankungen entstehen dort, wo Stress ansetzt. Betroffen sind also im körperlichen (= somatischen) Bereich v.a. das Herz-Kreislauf-System, die Muskulatur, die Verdauung, der Stoffwechsel, das Immunsystem, der Bereich der Sexualität sowie der Schmerz (s. Tabelle 4-1).

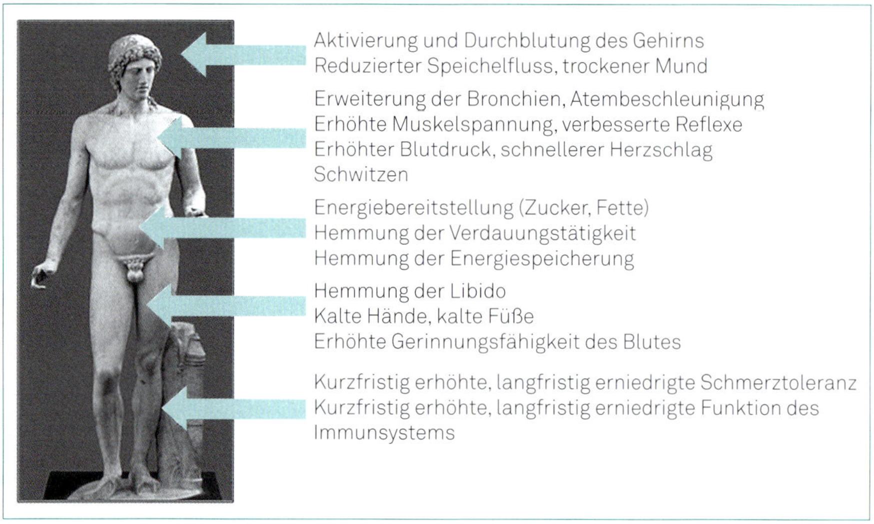

Abbildung 4-1: Zusammenfassung der körperlichen (somatischen) Stressfolgen. Statue: Kasseler Apollon, römische Kopie (um 100 n. Chr.) einer Statue von Phidias (um 450 v. Chr.).

Tabelle 4-1: Chronischer Stress und seine Folgeerkrankungen.

	Langfristige Einwirkung von Stress führt zu
Herz-Kreislauf	Bluthochdruck, koronarer Herzerkrankung, Herzinfarkt, Schlaganfall
Muskulatur	Kopfschmerzen, Rückenschmerzen, „Weichteilrheumatismus"
Verdauung	Störung der Verdauung, Magen-Darm-Geschwüren
Stoffwechsel	erhöhtem Blutzuckerspiegel/Diabetes mellitus, erhöhtem Cholesterinspiegel
Immunsystem	verminderter Abwehrkraft gegen Infektionen und Krebserkrankungen, übersteigerter Immunreaktionen gegenüber äußeren Einflüssen (Allergien) und inneren Einflüssen (Autoimmunerkrankungen)
Schmerz	verringerter Schmerztoleranz
Sexualität	Libidoverlust, Zyklusstörungen, Impotenz, Störungen der Samenreifung, Unfruchtbarkeit

4.2.1 Herz-Kreislauf-System

Typische Stressfolgeerkrankungen sind der Bluthochdruck (Hypertonie), die koronare Herzerkrankung, der Herzinfarkt und der Schlaganfall. Stress ist hier einer der Risikofaktoren, die zur Auslösung dieser Erkrankungen mit beitragen können. Andererseits spielt Stress jedoch nicht bei jedem Herzinfarkt bzw. Schlaganfall als Risikofaktor oder Auslöser eine Rolle. Diese akuten Krankheitsereignisse sind darüber hinaus für die Betroffenen immer auch selbst mit Stress verbunden. Der durch das Ereignis hervorgerufene Stress kann daher das Krankheitsgeschehen noch weiter verschlimmern.

Das **Herzinfarktrisiko** ist bei Menschen mit Stress etwa doppelt so hoch wie bei Menschen ohne Stress. Ähnlich hoch ist der Unterschied im Herzinfarktrisiko bei Patienten mit hohem Blutdruck im Vergleich zu Patienten mit normalem Blutdruck. Wie Stress das Risiko für einen Herzinfarkt erhöht, zeigt Box 3.

Box 3: Wie erhöht chronischer Stress das Herzinfarktrisiko?

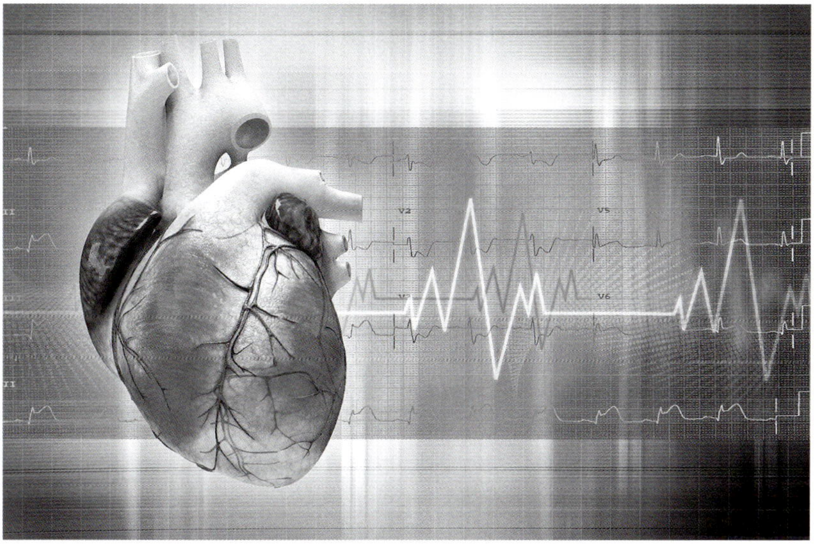

Abbildung 4-2: Chronischer Stress und das Herz.
Quelle: adimas – Fotolia.com # 45501201.

Bereits seit Längerem ist bekannt, dass Stress sich auf die Funktion unseres Immunsystems auswirkt. Wie diese Auswirkung auf das Immunsystem nun dazu führt, dass es infolge von Stresssituationen vermehrt zu Herzinfarkten kommt, hat eine amerikanisch/deutsche Studie aus dem Jahr 2014 untersucht.

Die Forscher fanden heraus, dass Stress zunächst dazu führt, dass im Körper mehr Blutstammzellen aktiviert werden. Verantwortlich hierfür ist das Stresshormon Noradrenalin, das im Rahmen der Sympathikus-Nebennierenmark-Achse vermehrt ausgeschüttet wird. Dies hat zur Folge, dass die Zahl der weißen Blutkörperchen (insbesondere der sogenannten neutrophilen Granulozyten und der entzündungsauslösenden Monozyten) stark ansteigt. Diese fördern nun ihrerseits die Bildung von entzündlichen arteriosklerotischen Plaques in den Blutgefäßen, insbesondere auch in den Herzkranzgefäßen, die das Herz mit Sauerstoff und Nährstoffen versorgen. In diese arteriosklerotischen Plaques in der Wand der Blutgefäße lagern sich Cholesterin und Kalk ein. Dies führt zu einer Einengung im Inneren der Blutgefäße, sodass die Gefahr zunimmt, dass es zu einem Verschluss des Gefäßes kommt.

Die Folge davon kann dann ein Herzinfarkt sein. Bei einem Herzinfarkt wird der Herzmuskel nicht mehr ausreichend durchblutet, das betroffene Herzmuskelgewebe stirbt ab (Nekrose). In der eingangs genannten Studie zeigte es sich, dass Monozyten und neutrophile Granulozyten häufig in schon vorhandene Plaques eindringen. Sie lösen die Plaques zum Teil auf. Bruchstücke davon können dadurch in den Blutstrom gelangen, sich zu einem Pfropfen formen und das Blutgefäß verstopfen. Die Folge kann ein akuter Herzinfarkt sein.

Quelle: Heidt T et al. Chronic variable stress activates hematopoietic stem cells. Nature Medicine 2014; 20: 754–758, s. Linkverzeichnis [10] in Kap. 11.

4.2.2 Stoffwechsel

Für den Körper ist es wichtig, in Stresssituationen ausreichend Energie zur Verfügung zu haben (s. Kap. 2.1 und Kap. 4.1). Über verschiedene Wege wird daher v.a. schnell verfügbarer Zucker (Glukose) ins Blut abgegeben. Dies ist kurzfristig sehr sinnvoll, um schnell auf die Bedrohungssituation reagieren zu können. Bei akutem Stress braucht das Gehirn etwa 12% mehr Energie. Wenn diese nicht zur Verfügung steht, leidet unsere Leistungsfähigkeit (s. Box 4).

Box 4: Warum führt Stress dazu, dass wir mehr Lust auf Süßes haben?

Abbildung 4-3: Stress und Lust auf Süßes. Quelle: Tanja – Fotolia.com # 127671389

In Stresssituationen braucht das Gehirn mehr Energie. Diese Energie kann es nur aus dem schnell verfügbaren Zucker Glukose gewinnen. Wenn der Hypothalamus registriert, dass dem Gehirn Glukose fehlt, wird diese Information vorrangig bearbeitet. Informationen, die das Gehirn aus dem übrigen Körper erhält, werden zuerst einmal abgeblockt.

Führt man dem Körper in einer solchen Situation keine schnell verfügbaren Kohlenhydrate („Süßes") mit der Nahrung zu, mobilisiert er Glukose im Rahmen der Stressreaktion aus Fett- und Muskelzellen. Im Verlauf dieser Reaktion werden vermehrt Stresshormone ausgeschüttet. Dies beeinflusst die Stimmung negativ und erhöht langfristig das Risiko für Herzinfarkt, Schlaganfall oder Depression. Kann der Körper keine schnell verfügbaren Kohlenhydrate mobilisieren, sinken Konzentrationsfähigkeit und Leistungsvermögen.
Es gibt Menschen, bei denen sich die nötige Energie in solchen Situationen nicht gut aus den Körperreserven mobilisieren lässt. Dies kann auch bei Personen vorkommen, die an sich über genügend Fettpolster verfügen. Die wichtigste Ursache hierfür ist chronischer Stress. Damit ihr Gehirn nicht unterversorgt wird, müssen die Betroffenen in solchen Situationen genügend schnell verfügbare Kohlenhydrate zu sich nehmen. Als Folge davon nehmen sie jedoch weiter an Gewicht zu.
In solchen Fällen ist es wichtig, die dauerhaft belastende und stresserzeugende Umgebung zu verlassen. Nur dann benötigt das Gehirn weniger Energie. Die betroffenen Menschen werden erst dadurch in die Lage versetzt, wieder Gewicht abzunehmen.

Quelle: Peters et al. The selfish brain: competition for energy ressources. Neuroscience and Behavioral Reviews 2004: 28: 143–180; DOI: 10.1016/j.neubiorev.2004.03.002.

Ist der **Blutzucker** bei chronischem Stress jedoch über längere Zeit zu hoch, kann dies schließlich zur Zuckerkrankheit (Diabetes mellitus) führen. Der Diabetes mellitus gehört neben den Herz-Kreislauf-Erkrankungen, den Atemwegserkrankungen und den bösartigen Tumoren weltweit zu den häufigsten chronischen Krankheiten. Er ist gekennzeichnet durch erhöhte Blutzuckerwerte. Wenn die Blutzuckerwerte über längere Zeit zu hoch sind, steigt auch das Risiko für Folgeschäden an. Typisch hierfür sind Veränderungen an den großen und kleinen Blutgefäßen, die dann u.a. zu Schädigungen der Nieren, der Augen und der Nerven führen. Weitere Folgeerkrankungen sind der Herzinfarkt, der Schlaganfall und der diabetische Fuß.

Stress kann jedoch nicht nur den Blutzuckerspiegel, sondern auch die Cholesterinwerte im Blut erhöhen. **Cholesterin** ist eine fettähnliche Substanz, die in unserem Körper zahlreiche lebenswichtige Funktionen übernimmt. Sie kommt u.a. in unseren Zellmembranen vor und bildet die Grundlage von Hormonen (z.B. Kortisol, Geschlechtshormone), Gallensäuren und von Vitamin D. Cholesterin wird mit der Nahrung aufgenommen, kann aber auch vom Körper selbst gebildet werden. Zu hohe Cholesterinwerte gelten als Risikofaktor für bestimmte Erkrankungen (z.B. Arteriosklerose, koronare Herzkrankheiten, Gallensteinleiden).

Im Rahmen einer Stressreaktion wird der Körper dazu angeregt, mehr Energie in Form von Fettsäuren und Glukose aus seinen Vorräten in Leber und Muskulatur freizusetzen. Um diese Substanzen zu verarbeiten und die neu entstandenen Produkte im

Blut zu transportieren, benötigt der Körper *LDL-Cholesterin*[13]. Dies ist einer der Gründe, weshalb der Cholesterinspiegel im Blut bei Stress ansteigt. Darüber hinaus gibt es Anzeichen dafür, dass Stress die Fähigkeit des Körpers behindert, überflüssiges Cholesterin wieder abzubauen.

Dieser Vorgang läuft allerdings nicht bei allen Menschen gleich ab. Manche Menschen reagieren auf Stress schon nach kurzer Zeit mit einem starken Anstieg ihres Cholesterinwertes, andere nicht.

4.2.3 Immunsystem

Akuter Stress steigert kurzfristig die Aktivität des unspezifischen, angeborenen Teils des Immunsystems. Dieser Teil kann innerhalb von wenigen Minuten aktiviert werden. Er reagiert viel schneller als das sogenannte adaptive Immunsystem und verbraucht viel weniger Energie. Auf diese Weise kann der Körper in gefährlichen Situationen (bei Kampf oder Flucht) z.B. Krankheitserreger bekämpfen, die aufgrund von kleineren Verletzungen in den Körper eindringen.

Jedoch werden in Stresssituationen bestimmte Körperfunktionen heruntergefahren, die viel Energie benötigen, aber kurzfristig nicht für unser Überleben notwendig sind (s. Kap. 2.1). Hierzu gehören auch große Teile des Immunsystems. Gebremst wird das Immunsystem durch die in einer Stresssituation ausgeschütteten Glukokortikoide (besonders: Kortisol).

Zahlreiche Studien konnten nachweisen, dass der Glukokortikoid-Spiegel bei chronischem Stress erhöht ist und dass es z.B. zu einem Absinken der Konzentration von *Immunglobulin A* im Speichel kommt. Darüber hinaus hemmen Glukokortikoide die Aktivität von T- und B-Lymphozyten und von sogenannten natürlichen Killerzellen. Diese verschiedenen Zellen spielen bei der Immunreaktion eine große Rolle.

Definition „Immunglobuline"
Immunglobuline sind Eiweiße, die im Immunsystem bestimmte Aufgaben übernehmen. So findet sich z.B. Immunglobulin A (IgA) auf allen Schleimhäuten des Körpers. Es schützt dort vor Krankheitserregern, die versuchen, über die Schleimhaut in den Körper einzudringen.

Ein geschwächtes Immunsystem kann Krankheitserreger nicht mehr in ausreichendem Maße unschädlich machen. Dadurch steigt die Infektionshäufigkeit. Bereits bestehende Erkrankungen können sich verschlechtern (s. Box 4). Dies gilt insbesondere auch für Erkrankungen des Immunsystems (z.B. *Autoimmunerkrankungen* und Allergien).

13 LDL-Cholesterin: *Low Density Lipoprotein* (LDL, Lipoprotein niederer Dichte); es transportiert das vom Körper gebildete Cholesterin von der Leber zu den verschiedenen Geweben

> **Definition „Autoimmunerkrankungen"**
> Autoimmunerkrankungen sind Erkrankungen, bei denen das Immunsystem Antikörper gegen die eigenen Körperzellen bildet.

So kann sich z.B. die Krankheitssituation bei bestimmten Hauterkrankungen (z.B. bei Neurodermitis) in Stresssituationen verschlechtern. Auch die Abwehr von *Tumorzellen*[14] kann durch Stress eingeschränkt werden.

Allerdings zeigt es sich auch hier, dass sich die Auswirkungen von Stress auf das Immunsystem von Mensch zu Mensch sehr stark unterscheiden können. Dabei spielt es v.a. eine Rolle, wie lange eine Stresssituation anhält und wie mögliche Stressfaktoren von den Betroffenen wahrgenommen werden.

4.2.4 Sexualität

Ebenso wie Teile des Immunsystems werden auch sexuelle Funktionen in Stresssituationen (im Rahmen der Hypothalamus-Hypophysen-Nebennierenrinden-Achse) heruntergefahren. Bei chronischem Stress kann es daher zu einer Reduzierung der *Libido*[15], zu Zyklusstörungen und Unfruchtbarkeit bei Frauen sowie *Impotenz*[16], Störungen der Samenreifung und Unfruchtbarkeit beim Mann kommen.

4.2.5 Auswirkungen auf die Lebenserwartung

Forscher konnten in den letzten Jahren nachweisen, dass sich Stress auch direkt auf unsere Lebenserwartung auswirkt. Stress verkürzt die **Telomere**, d.h. die Endstücke der *Chromosomen* (s. Abbildung 4-4).

> **Definition „Chromosomen"**
> Chromosomen sind Strukturen im Zellkern, die die Erbinformationen enthalten. Sie bestehen aus DNA (Desoxyribonukleinsäuren).

Die Telomere bestehen aus mehreren Tausend DNA-Bausteinen, die sich wiederholen. Bei jeder Verdoppelung der DNA im Rahmen der Zellteilung geht ein Stück eines Telomers verloren. Da dies durch das Enzym Telomerase nur zum Teil wieder ausgeglichen werden kann, werden die Telomere mit zunehmendem Alter immer kürzer. Wenn sie schließlich zu kurz sind, kann sich die Zelle nicht mehr teilen. Dann können Substanzen freigesetzt werden, die Entzündungen hervorrufen oder das Tumorwachstum fördern.

---

14 *Tumorzellen* bilden sich ständig in unserem Körper. In der Regel werden sie von unserem Immunsystem rechtzeitig unschädlich gemacht.

15 *Libido:* sexuelle Lust, sexuelles Begehren

16 *Impotenz:* Unfähigkeit zur Erektion und/oder Zeugungsunfähigkeit

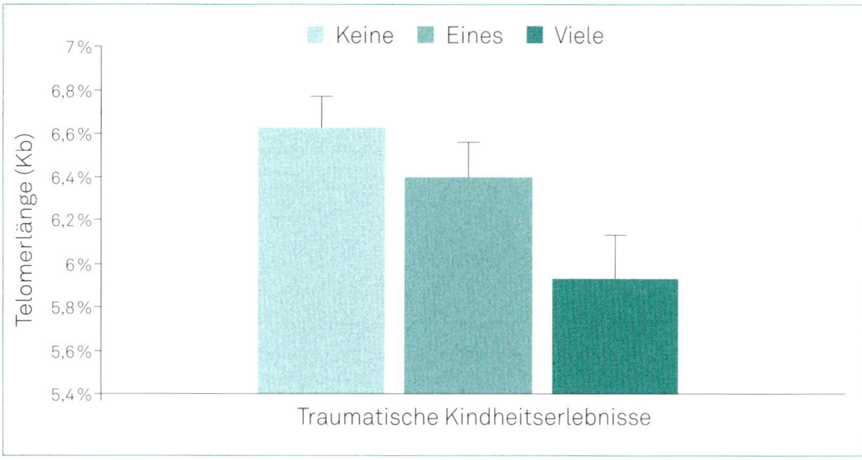

Abbildung 4-4: Auswirkungen von traumatischen Erlebnissen in der Kindheit (Childhood Adversity) auf die Telomerlänge bei Erwachsenen. Die Telomerlänge ist dabei in Kilobasenpaaren (Kb) angegeben. Die längsten Telomere fanden sich bei Personen ohne traumatische Kindheitsereignisse (Keine), die kürzesten Telomere bei Personen mit mehreren traumatischen Kindheitsereignissen (Viele). Quelle: modifiziert nach Kiecolt-Glaser JK, Gouin JP, Weng NP et al. Childhood adversity heightens the impact of later-life caregiving stress on telomere length and inflammation. Psychosom Med 2011; 73(1):16–22. doi: 10.1097/PSY.0b013e31820573b6; s. Linkverzeichnis [11] in Kap. 11. Mit freundlicher Genehmigung vom 25.09.2014 von Prof. Janice Kiecolt-Glaser, PhD, Institute for Behavioral Medicine Research, Ohio State University College of Medicine.

Stress beeinflusst also direkt die Erbsubstanz (DNA) unserer Zellen. Er lässt sie schneller altern, indem er die Telomere verkürzt. Daher kann man aus der Telomerlänge schließen, wie viel Stress ein Mensch in der Vergangenheit ausgesetzt war. Stress ist damit ein Risikofaktor für eine Telomerverkürzung. Man weiß heute, dass eine lang dauernde (monatelange oder sogar jahrelange) Ausschüttung von Stresshormonen (insbesondere von Kortisol) dazu führt, dass diese Substanzen die Genablesung beeinträchtigen. Auch geht man davon aus, dass es auf diese Weise zu einer Telomerverkürzung kommt. Beide Wege können zu Schäden im gesamten Organismus und schließlich zum vorzeitigen Tod führen. Allerdings kann eine Stressreduktion kombiniert mit mehr Bewegung und einer gesunden Ernährung die Telomerverkürzung auch wieder verlangsamen oder zum Teil sogar rückgängig machen.

Bitte schauen Sie sich dazu den Video-Beitrag des National Geographic „The Science of Stress“ an, s. Linkverzeichnis [12] in Kap. 11.

4.2.6 Molekulare Veränderungen

Stress kann sich darüber hinaus auch über epigenetische Mechanismen auf unser Leben auswirken. Die **Epigenetik** beschreibt molekulare Veränderungen an der DNA (oder an Eiweißen, die mithilfe der DNA gebildet werden), die sich auf Umwelteinflüsse oder

Erfahrungen zurückführen lassen. Diese verändern zwar nicht die in den Genen enthaltene Erbinformation, beeinflussen aber den Aktivitätszustand der Gene.

In den letzten Jahren konnte z. B. nachgewiesen werden, dass psychische Belastungen über epigenetische Veränderungen im Erbgut die Resistenz gegen Stress senken. Traumatische Kindheitserfahrungen können sich dadurch möglicherweise sogar auf die nächsten Generationen auswirken. Bei der folgenden Generation könnten solche epigenetischen Veränderungen in den Keimzellen (Ei- und Samenzellen) zu einer geänderten Genablesung führen. Dies kann möglicherweise eine Ursache dafür sein, dass Menschen unterschiedlich empfindlich auf Stress reagieren (s. dazu auch **Resilienz**).

Definition „Resilienz"
Unter *Resilienz* versteht man die Fähigkeit, eine Krise mithilfe von persönlichen und sozial vermittelten Ressourcen zu meistern und sie für die eigene Entwicklungen zu nutzen; s. Linkverzeichnis [13] in Kap. 11.

4.3 Stress und psychische Störungen

Wir wissen, dass andauernde Belastungen zu einer vermehrten Ausschüttung des „Stresshormons" Kortisol führen. Insbesondere in der Nacht ist die Kortisol-Produktion bei chronischem Stress deutlich höher als normalerweise. Meist bleibt der Kortisol-Spiegel im Blut dann auch am Tag erhöht. Gleichzeitig ändert chronischer Stress das Verhältnis von Noradrenalin zu Adrenalin im Körper. Der Noradrenalin-Spiegel steigt in einer Stresssituation zuerst deutlich an, während der Adrenalin-Spiegel absinkt. Wenn der Stress längere Zeit anhält, sinkt die Produktion von Noradrenalin und parallel dazu auch die Produktion der Nervenüberträgerstoffe (Neurotransmitter) Dopamin und Serotonin, sodass es bei stärkerem Verbrauch der Substanzen zu einer Mangelsituation im Körper kommt. In der Folge treten u. a. Müdigkeit und Antriebslosigkeit auf. Es kann zu Schlafstörungen kommen. Darüber hinaus führt das Ungleichgewicht an Botenstoffen (= Hormone und Neurotransmitter) dazu, dass **depressive Verstimmungen** und Angstzustände auftreten können.

Ob jemand unter Stress eine Depression entwickelt oder nicht, hängt auch von der Aktivität einer bestimmten Hirnregion, dem *medialen präfrontalen Kortex* (mPFC)[17] ab. Bei depressiven Menschen lässt sich dort eine übermäßige Aktivität der Nervenzellen feststellen. Aktuelle Forschungsergebnisse konnten zeigen, dass die hyperaktiven Nervenzellen in dieser Region wahrscheinlich eine Ursache und nicht die Folge der Symptome sind.

Umgekehrt gibt es auch Hinweise darauf, dass Menschen mit einer Depression leichter in Stress geraten können, da bei ihnen das Gleichgewicht der Botenstoffe gestört ist. Dies gilt insbesondere im Hinblick auf die Hypothalamus-Hypophysen-Nebennierenrinden-Achse (HHN-Achse, s. Kap. 2.1).

17 Der mediale präfrontale Kortex (mPFC) ist ein Teil des Stirnlappens der Großhirnrinde.

Dass psychischer Stress langfristig der Gesundheit schadet, konnte ein Forscherteam an jungen Erwachsenen zeigen, die als Kinder bzw. Jugendliche von anderen gedemütigt oder schikaniert (gemobbt) wurden. Bei ihnen fanden sich noch im Erwachsenenalter Anzeichen für eine chronische Entzündung. Zuvor hatten schon verschiedene Untersuchungen nachgewiesen, dass Mobbing nicht nur die seelische, sondern auch die körperliche Gesundheit von Kindern und Jugendlichen beeinträchtigt. Sie leiden häufiger an Schlafstörungen, Kopf- und Bauchschmerzen sowie an einer höheren Krankheitsanfälligkeit. Nun konnte gezeigt werden, dass eine unterschwellige, chronische Entzündung als eine Ursache für die gesundheitlichen Stressauswirkungen in Frage kommt. Bei den gemobbten Kindern und Jugendlichen wurden im frühen Erwachsenenalter deutlich höhere Werte des *C-reaktiven Proteins* (CRP) nachgewiesen als bei Gleichaltrigen, die nicht gemobbt worden waren. Die Werte waren darüber hinaus auch deutlich von der Intensität des Mobbings abhängig.

Definition „C-reaktives Protein"
Das C-reaktive Protein (CRP) ist ein Eiweiß, dessen Blutkonzentration im Rahmen von entzündlichen (infektiösen und nicht infektiösen) Erkrankungen ansteigt.

Einen möglichen Weg, über den es zu einer Erhöhung des CRPs im Blut kommen kann, zeigt Box 4 in Kap. 4.2.2.

4.4 Burnout

Im Jahr 1974 stellte der Psychologe und Psychoanalytiker *Herbert J. Freudenberger* (1926–1999) sein Konzept des „Burnout-Syndroms" vor. Die mit dem Stresskonzept eng verwandte Theorie beschreibt einen stressbedingten, schleichend einsetzenden Prozess, der durch eine körperliche, emotionale, geistig-mentale und soziale Erschöpfung gekennzeichnet ist.

Die **körperliche Erschöpfung** zeigt sich in Energiemangel, chronischer Müdigkeit, in einem Schwächegefühl und psychosomatischen Symptomen. Unter psychosomatischen Symptomen versteht man in diesem Zusammenhang körperliche Funktionsstörungen wie Herz-Kreislauf-Beschwerden, Magen-Darm-Beschwerden, sexuelle und (pseudo-)neurologische Symptome, die durch sich wechselseitig beeinflussende biologische, psychische und soziale Faktoren ausgelöst werden.

Typisch für die **emotionale**[18] **Erschöpfung** sind Gefühle der Niedergeschlagenheit, Hoffnungslosigkeit und Ausweglosigkeit. Betroffene berichten von einem Gefühl der inneren Leere, vom Abgestorbensein. Andere neigen zu Reizbarkeit, Ärger und Schuldzuweisungen.

18 *Emotion*: Gemütsbewegung, Gefühl, seelische Erregung

Die charakteristischen Symptome einer **mentalen**[19] und einer **sozialen Erschöpfung** sind in Tabelle 4-2 zusammengestellt. Auf Youtube finden Sie darüber hinaus noch einen Film von „Welt der Wunder“ zum Thema Burnout, s. Linkverzeichnis [14] in Kap. 11.

Tabelle 4-2: Zusammenstellung der Symptome bei körperlicher, emotionaler, mentaler und sozialer Erschöpfung im Rahmen eines Burnouts.

Erschöpfung	Symptomatik
körperliche	Energiemangel, chronische Müdigkeit, Schwächegefühl, psychosomatische Symptome
emotionale	Niedergeschlagenheit, Hoffnungslosigkeit, Ausweglosigkeit, Gefühl der inneren Leere oder von Abgestorbensein, aber auch Reizbarkeit, Ärger, Schuldzuweisungen
mentale	Abbau der geistigen Leistungsfähigkeit und Kreativität, negative Einstellung zur eigenen Person, zur Arbeit, allgemein zum Leben, Zynismus, Gefühl der Sinnlosigkeit und existenziellen Verzweiflung
soziale	Gefühl, von anderen ausgesaugt zu werden, Verlust der Empathie*, Verlust des Interesses an anderen Menschen, sozialer Rückzug
*Empathie: Fähigkeit und Bereitschaft, sich in andere Menschen hineinzuversetzen, ihre Gedanken, Emotionen, Motive und Persönlichkeitsmerkmale zu erkennen und zu verstehen.	

Burnout-Folgeerkrankungen sind v. a. Depression, Angstzustände und Panikattacken, aber auch ausgeprägte psychosomatische Störungen und Substanzmissbrauch (Missbrauch von Medikamenten, Alkohol, „harten“ Drogen).

Doch wie kommt es zu diesem umfassenden Erschöpfungszustand beim Burnout-Syndrom?

Schauen Sie sich hierzu einen Ausschnitt aus dem Informationsblatt zur Burnout-Symptomatik des Österreichischen Bundesverbands für Psychotherapie (ÖBVP; Box 5) an.

Box 5: Informationsblatt zur Burnout-Symptomatik des Österreichischen Bundesverbands für Psychotherapie (Ausschnitt)

Welche Faktoren führen zu einer Anhäufung von Stressbelastungen?
Verschiedene Faktoren führen zusammen zu einer Anhäufung von Stressbelastungen, die die Fähigkeit, adäquat reagieren zu können, überfordern. Die Arbeitsüberlastung ist oft nur noch der Tropfen, der das Fass zum Überlaufen bringt.
Diagnostisch relevant:

- situationsspezifische Faktoren, z. B. belastende Arbeitsverhältnisse
- kontextuelle Faktoren – emotional belastende Lebenssituationen, z. B. allein erziehende Mutter, Trennung und Scheidung, Todesfall in der Familie, Partnerschaftsprobleme, Pflegefall in der Familie, Schulden, Hausbau, etc.
- vorangegangene Erfahrungen, z. B. belastende Erfahrungen in der Kindheit, Traumen und daher besonders verletzliche Persönlichkeit
- emotionale Verarbeitungskapazität, individuelle Reaktionsschemata

19 *mental:* geistig, den Geist oder das Denken betreffend, zum Geist gehörend

Zum Verständnis zusätzlich wichtig:

- Zeitspanne, in der sich belastende Faktoren sammelten
- Intensität der belastenden Situationen
- emotionale Bedeutung für den Betroffenen

Wie baut sich der Erschöpfungszustand auf?

- Beschleunigungsfalle: Betroffene versuchen in der Ausweglosigkeit immer noch mehr immer noch besser zu machen. Das „Hamsterrad" dreht sich immer schneller.
- Komplexitätsgrad steigt, die Folgen sind „innere Kündigung" und Dienst nach Vorschrift.
- Identitätsverlust: Misstrauen und Zynismus entwickeln sich.
- Resignation, Lähmung und Trägkeit folgen.

(Quelle: Mit freundlicher Genehmigung des Österreichischen Bundesverbandes für Psychotherapie vom 26.09.2014. Information zur Burnout-Symptomatik; s. Linkverzeichnis [15] in Kap. 11)

Der ÖBVP ging in dieser Zusammenstellung darüber hinaus auch auf die sich aus Stressbelastung und Erschöpfungszustand entwickelnde Burnout-Symptomatik sowie auf die Merkmale eines Arbeitsplatzes ein, der krank macht. Bitte schauen Sie sich auch diese näher an (s. Box 6).

Box 6: Informationsblatt zur Burnout-Symptomatik des Österreichischen Bundesverbands für Psychotherapie (Ausschnitt)

Typische Burnout-Symptomatik: physische, psychische und soziale Komponenten

- vegetative Symptome wie Herzrasen, Schweißausbrüche, Panikzustände; erste Anzeichen sind häufig Einschlaf- und Durchschlafstörungen
- anhaltende bzw. zunehmende, tiefgreifende psycho-physische Erschöpfung – emotionale Erschöpfung, Müdigkeit, Energielosigkeit, alle Anzeichen einer Depression, Antriebslosigkeit, Traurigkeit, Mutlosigkeit, Suizidgedanken, Rückzug aus sozialen Kontakten, Ängste und Entfremdungsgefühle
- erheblich reduziertes Selbstwertgefühl in Bezug die die eigene berufsbezogene Leistungsfähigkeit
- Überempfindlichkeit auf zusätzliche Reize, z. B. Musik, viele Stimmen, Fernsehen etc.
- Symptome treten bei ansonsten psychisch gesunden Menschen auf und entwickeln sich schleichend über einen längeren Zeitraum
- Symptome verstärken sich im Arbeitszusammenhang bzw. arbeitsbezogen
- reduzierte Leistungsfähigkeit – Effektivität nimmt ab und Arbeitsergebnisse werden schlechter, abhängig von der negativen Einstellung
- Ablehnung und Zynismus

Krank machende Merkmale am Arbeitsplatz

- Häufung in Tätigkeitsfeldern, denen ein hoher Anspruch an Erfolg und Eigenverantwortung innewohnt und persönlicher Erfolg entweder schwer messbar, schwer erreichbar oder nicht sichtbar wird; Leistungsanspruch zugleich nach oben hin unbegrenzt
- entgrenzte Tätigkeit aufgrund disponierender Persönlichkeitsfaktoren oder struktureller Beschaffenheit des Tätigkeitsfelds – besonders gefährdet: IT-Bereich, soziale und helfende Berufe, Lehrer, Manager, Künstler, Seelsorger etc.
- erschöpfende, chronische Überbelastung
- „high demand, low influence" – viel Arbeit und Verantwortung, wenig Mitbestimmungsmöglichkeit
- höheres Risiko:
  - in nicht leitender Funktion
  - je höher das Einkommen, desto geringer das Burnout-Risiko
  - Wochenendarbeit, Schicht- und Nachtdienst
  - Kinder im Haushalt
- wenig Anerkennung, z. B. Intensivmediziner, ambulantes Pflegepersonal
- Mangel an sozialer Unterstützung
- Teamkonflikte
- Fehlen von Fairness
- Wertekonflikte

(Quelle: Mit freundlicher Genehmigung des Österreichischen Bundesverbandes für Psychotherapie vom 26.09.2014. Information zur Burnout-Symptomatik; s. Linkverzeichnis [15] in Kap. 11)

Burnout ist allerdings bislang keine von der WHO im Rahmen der *ICD-10-Kodierung* anerkannte psychische Erkrankung, sondern kann nur als Zusatz kodiert werden. Daher gibt es auch keine Einigung darüber, wie Burnout zu diagnostizieren ist.

Definition „ICD-10"
Als *ICD-10* bezeichnet man die internationale statistische Klassifikation der Krankheiten und verwandter Gesundheitsprobleme, 10. Revision. Hierunter versteht man eine amtliche Klassifikation zur Verschlüsselung von Diagnosen in der ambulanten und stationären Gesundheitsversorgung.

Die Folge ist, dass in Deutschland nach Angaben der Allgemeinen Ortskrankenkasse (AOK) in 85 % der Fälle eine Krankschreibung aufgrund von Burnout im Zusammenhang mit einer anderen psychischen Erkrankung wie Depression oder *Anpassungsstörung* bzw. mit einer anderen somatischen Erkrankung (z. B. Rückenschmerzen) erfolgt (s. Abbildung 4-5).

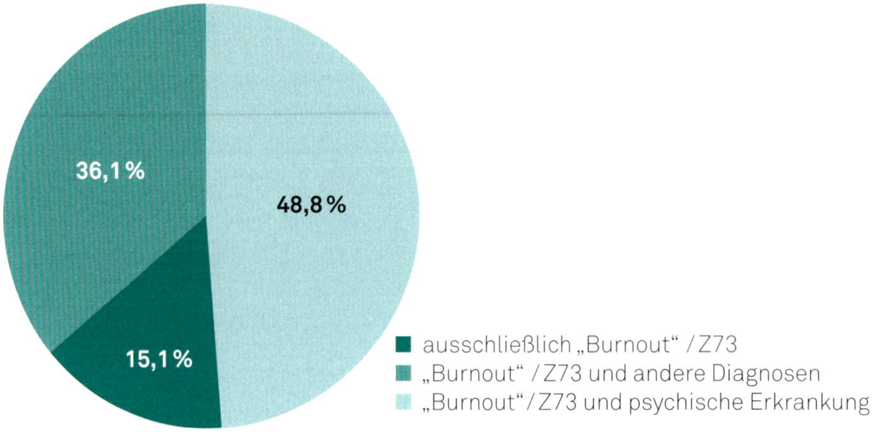

Abbildung 4-5: Burnout-Krankschreibungen (nach der Zusatz-Codierung Z73) mit bzw. ohne andere Diagnose; Analyse auf der Basis der Krankschreibungsdaten der AOK, 2011. Angegeben sind die Anteile aller Krankschreibungsfälle aufgrund von Burnout/Z73 bei AOK-Versicherten im Jahr 2011. Quelle: nach den Daten der BPtK-Studie zur Arbeitsunfähigkeit – Psychische Erkrankungen und Burnout, s. Linkverzeichnis [16] in Kap. 11.

Definition „Anpassungsstörung"

Unter einer Anpassungsstörung versteht man eine gestörte (pathologische) Reaktion auf bestimmte psychosoziale Belastungsfaktoren. Die auslösenden psychosozialen Faktoren können individuell sehr unterschiedlich sein. Als Folge davon treten Symptome im Bereich der Emotionen und des Verhaltens auf.

Trotzdem hat die Häufigkeit der Burnout-Diagnosen – ebenso wie die Anzahl der Arbeitsunfähigkeitstage (AU-Tage) aufgrund von Burnout – in den letzten Jahren erheblich zugenommen (s. Abbildung 4-6; s. Kap. 5.1 und Kap. 5.2).

Zu den zehn häufigsten psychischen Erkrankungen, die gemeinsam mit einer Burnout-Diagnose gestellt werden, gehören neben Depression und Anpassungsstörung auch somatoforme Störungen (s. dazu oben: psychosomatische Störungen), Angststörungen, Schlafstörungen und alkoholbedingte Störungen; s. Tabelle 4-3. Andere Erkrankungen und Zusatzdiagnosen, die häufig gemeinsam mit einer Burnout-Diagnose angegeben werden, sind in Tabelle 4-4 zusammengestellt). Es fällt auf, dass neben Rückenschmerzen, Schlafstörungen, Bluthochdruck, Magen- und Darmproblemen auch sehr unspezifische Symptome wie Unwohlsein, Ermüdung und Stimmungsprobleme genannt werden. Zudem wird darüber auch ein Bezug zum Berufsleben hergestellt.

Arbeitsgruppen um *Andreas Weber* (geb. 1958) und *Joachim Bauer* (geb. 1951) konnten zu Beginn der letzten Jahrzehnts zeigen, dass in Deutschland besonders häufig Lehrer (zwischen 20 und 30 % aller Lehrer) unter einem Burnout-Syndrom leiden. Neuere Studien zeigen eine ähnliche Entwicklung in helfenden Berufen (z. B. in der Behindertenhilfe).

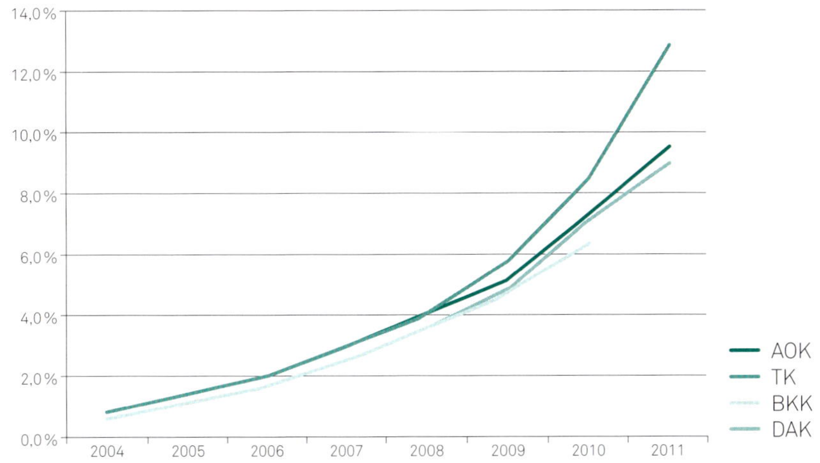

Quelle: BPtK, 2012

AOK: Allgemeine Ortskrankenkasse
BKK: Betriebskrankenkassen (Bund)
DAK: Deutsche Angestellten Krankenkasse
TK: Techniker Krankenkasse

Angegeben sind Fehltage pro 100 Versicherte in den angegebenen Jahren. Die Jahreszahlen beziehen sich auf den ausgewerteten Jahreszeitraum.

Abbildung 4-6: Zunahme der Häufigkeit der Arbeitsunfähigkeitstage (AU-Tage) aufgrund einer Burnout-Diagnose (nach der Zusatz-Kodierung Z73) im letzten Jahrzehnt. Angegeben sind Fehltage pro 100 Versicherte in den angegebenen Jahren. Die Jahreszahlen beziehen sich auf den ausgewerteten Jahreszeitraum. Daten nach Angaben der genannten deutschen Krankenkassen (AOK: allgemeine Ortskrankenkasse, BKK: Betriebskrankenkassen [Bund], DAK: Deutsche Angestellten Krankenkasse, TK: Techniker Krankenkasse). Quelle: BPtK-Studie zur Arbeitsunfähigkeit – Psychische Erkrankungen und Burnout, s. Linkverzeichnis [16] in Kap. 11. Mit freundlicher Genehmigung der Bundespsychotherapeutenkammer (BPtK) vom 29.09.2014.

Nach Angaben des Österreichischen Bundesverbands für Psychotherapie (ÖBVP) waren in Österreich im Jahr 2009 fast 30 % der Beschäftigten im Gesundheits- und Sozialwesen Burnout-gefährdet. Insgesamt gelten in Österreich 1 Mio. Menschen als Burnout-gefährdet. Bei einer Einwohnerzahl von 8,5 Mio. (2014) entspricht dies 11,8 % der Bevölkerung. Darüber hinaus gaben 80 % der 14- bis 65-Jährigen (= 1,5 Mio. Menschen) an, unter Stress zu leiden. Drei Millionen Österreicher leiden zudem unter Schlafstörungen.

Eine große finnische Verlaufsstudie sieht im Burnout-Syndrom einen Vorboten und ein Warnsignal für eine Frühverrentung (s. Kap. 5). Diese Studie konnte auch zeigen, dass es bei der Burnout-Häufigkeit zwischen Männern und Frauen keinen signifikanten Unterschied gab. Allerdings unterschied sich die Symptomatik bei Männern und Frauen. Frauen zeigten stärkere Erschöpfungssymptome als Männer. Männer äußerten ihre Probleme eher durch Zynismus. Die Altersgruppe der 55- bis 64-Jährigen war am häufigsten von Burnout betroffen. Unverheiratete Männer litten häufiger an Burnout als verheiratete Männer. Bei Frauen hatte es keinen Effekt auf die Burnout-Häufigkeit, ob sie verheiratet waren oder nicht.

Tabelle 4-3: Die zehn häufigsten psychischen Erkrankungen bei Krankschreibung aufgrund von Burnout (nach der Zusatz-Kodierung Z73).

ICD-10-Kodierung	Beschreibung	Anteil an allen Z73-Krankschreibungsfällen (n = 39.305)
F32	Depressive Episode	21,7%
F43	Reaktionen auf schwere Belastungen und Anpassungsstörungen	15,2%
F48	Andere neurotische Störungen	8,7%
F45	Somatoforme Störungen	8,5%
F41	Andere Angststörungen	4,3%
F33	Rezidivierende depressive Störung	3,2%
F51	Nichtorganische Schlafstörungen	1,2%
F10	Psychische und Verhaltensstörungen durch Alkohol	1,0%
F60	Spezifische Persönlichkeitsstörungen	1,0%
F99	Psychische Störung ohne nähere Angabe	1,0%
Analyse auf Basis der Krankschreibungsdaten der AOK, 2011. Angegeben sind die Anteile aller Krankschreibungsfälle aufgrund von Burnout/Z73 bei AOK-Versicherten im Jahr 2011, inkl. Mehrfachnennungen. Quelle: BPtK-Studie zur Arbeitsunfähigkeit – Psychische Erkrankungen und Burnout, s. Linkverzeichnis [16] in Kap. 11. Mit freundlicher Genehmigung der Bundespsychotherapeutenkammer (BPtK) vom 29.09.2014.		

Tabelle 4-4: Die zehn häufigsten (psycho-)somatischen Erkrankungen und andere Zusatzdiagnosen bei Krankschreibung aufgrund von Burnout (nach der Zusatz-Kodierung Z73).

ICD-10-Kodierung	Beschreibung	Anteil an allen Z73-Krankschreibungsfällen (n = 39.305)
R69	Unbekannte und nicht näher bezeichnete Krankheitsursachen	7,8%
R53	Unwohlsein und Ermüdung	4,2%
M54	Rückenschmerzen	2,9%
G47	Schlafstörungen	2,3%
Z56	Kontaktanlässe mit Bezug auf das Berufsleben	1,9%
I10	Essenzielle (primäre) Hypertonie	1,8%
K29	Gastritis und Duodenitis	1,6%
R45	Symptome, die die Stimmung betreffen	1,4%
R10	Bauch- und Beckenschmerzen	1,4%
R51	Akute Infektionen an mehreren oder nicht näher bezeichneten Lokalisationen der oberen Atemwege	1,4%
Analyse auf Basis der Krankschreibungsdaten der AOK, 2011. Angegeben sind die Anteile aller Krankschreibungsfälle aufgrund von Burnout/Z73 bei AOK-Versicherten im Jahr 2011, inkl. Mehrfachnennungen. Quelle: BPtK-Studie zur Arbeitsunfähigkeit – Psychische Erkrankungen und Burnout, s. Linkverzeichnis [16] in Kap. 11. Mit freundlicher Genehmigung der Bundespsychotherapeutenkammer (BPtK) vom 29.09.2014.		

Aufgabe 5

1. Welche stresserzeugenden, potenziell krank machenden Merkmale (vgl. Box 6) können Sie in Ihrem beruflichen Umfeld (Ihrer Abteilung oder Ihrer Firma/Ihrer Institution) bzw. Ihrem Hochschulumfeld identifizieren? Erstellen Sie bitte eine Liste!
2. Befragen Sie in einem zweiten Schritt Ihre Kollegen bzw. Mit-Studierenden, welche dieser Merkmale die Kollegen bzw. Mit-Studierenden ebenfalls als potenziell krank machend empfinden. Notieren Sie bitte in einer Tabelle, welche Merkmale wie häufig genannt wurden! Bitten Sie Ihre Kollegen bzw. Mit-Studierenden, die Liste ggf. noch um weitere Merkmale zu ergänzen.
3. Entwerfen Sie bitte einen einseitigen Flyer, auf dem Sie den Kollegen in Ihrer Firma bzw. Ihren Mit-Studierenden die wichtigsten Stressfolgeerkrankungen kurz vorstellen.

5 Stress aus volkswirtschaftlicher Sicht

5.1 Langzeitarbeitsunfähigkeit und Frühverrentung infolge von Stress

Die Bedeutung von Stress in volkswirtschaftlicher Hinsicht zeigt sich in Deutschland v.a. am Beispiel der Frühverrentungsstatistik. Stress am Arbeitsplatz und seine psychischen Folgebelastungen ließen die Zahl der **Frühverrentungen** aufgrund von psychischen Störungen (v.a. von Angststörungen, Depressionen und anderen Stressfolgeerkrankungen) in den letzten Jahren kontinuierlich ansteigen (s. Abbildung 5-1), obwohl die Zahl der Frühverrentungsfälle insgesamt rückläufig ist. Im Jahr 2012 waren 42,1% der Früh-

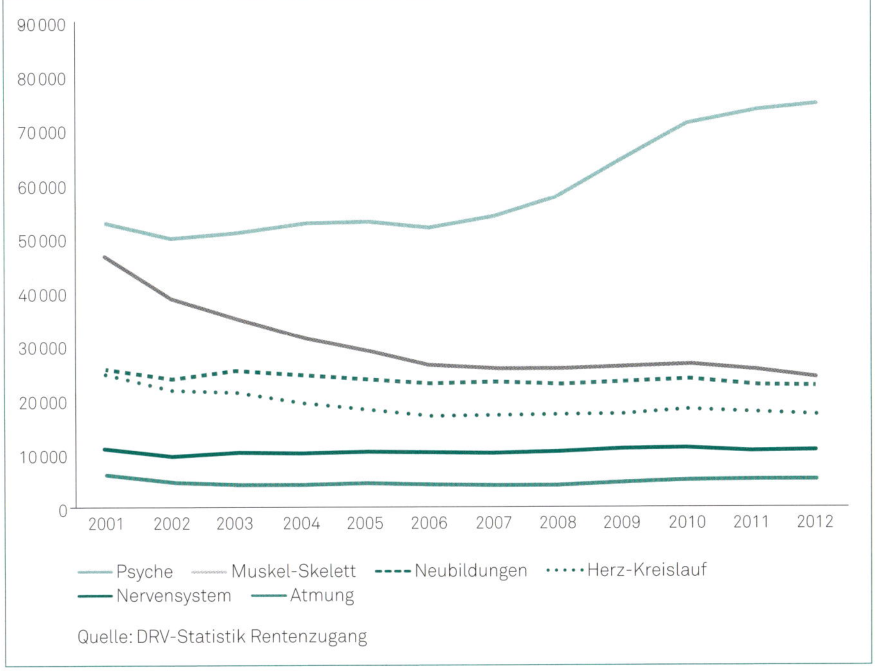

Abbildung 5-1: Anstieg der Frühverrentungsfälle in Deutschland zwischen 2001 und 2012 aufgrund von psychischen Erkrankungen (hellblau). Dargestellt ist die Zahl der Rentenneuzugänge wegen verminderter Erwerbsfähigkeit pro Jahr aufgrund der sechs wichtigsten Krankheitsarten (Neubildungen = Tumorerkrankungen).
Quelle: BPtK-Studie zur Arbeits- und Erwerbsunfähigkeit – Psychische Erkrankungen und gesundheitsbedingte Frühverrentung; s. Linkverzeichnis [17] in Kap. 11. Mit freundlicher Genehmigung der Bundespsychotherapeutenkammer (BPtK) vom 29.09.2014.

verrentungsfälle durch psychische Erkrankungen bedingt. Insbesondere Frauen waren davon betroffen. Bei ihnen lag der Anteil sogar bei 48,5 % (s. Abbildung 5-2).

Ein Grund, weshalb in Deutschland die Zahl der Frühverrentungen durch psychische Erkrankungen in den letzten Jahren so stark zugenommen hat, ist sicherlich, dass Ärzte psychische Störungen heute zuverlässiger erkennen als früher. Man nimmt darüber hinaus auch an, dass Ärzte bestimmte Erkrankungen, die sie früher eher dem somatischen Bereich zugeordnet hätten (z. B. unspezifische Rückenschmerzen), heute häufiger als depressive Erkrankung oder somatoforme Störung einordnen. Darüber hinaus suchen psychisch kranke Menschen heute eher Hilfe als noch vor zehn oder zwanzig Jahren. Neben den genannten Gründen ist jedoch auch davon auszugehen, dass hier die geänderte Arbeitswelt eine wesentliche Rolle spielt. Starker Termin- und Leistungsdruck, häufige Arbeitsunter-

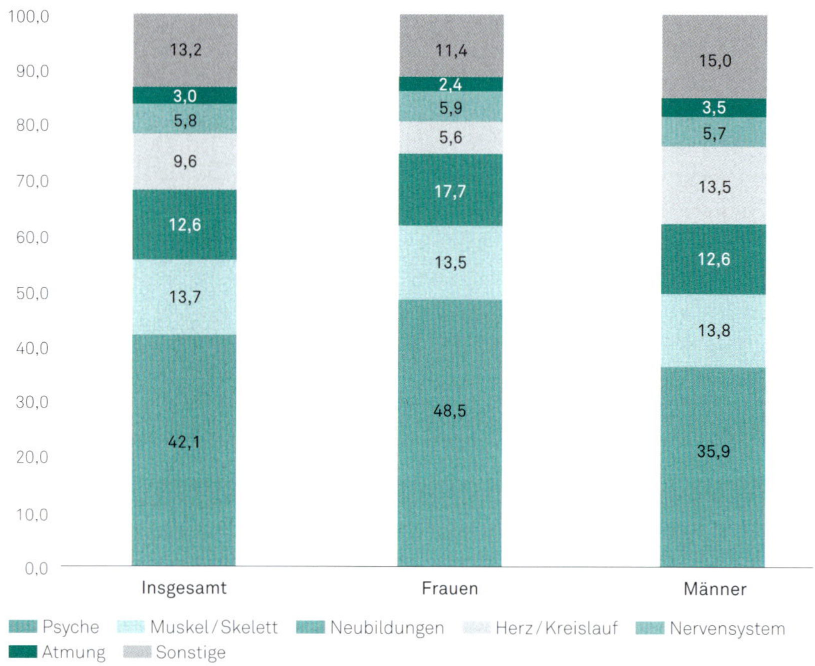

Quelle: DRV-Statistik Rentenzugang

Dargestellt ist der Anteil (%) der wichtigsten Krankheitsarten an den Rentenzugängen wegen verminderter Erwerbsfähigkeit für das Jahr 2012 insgesamt, für Frauen und für Männer.

Zugrundeliegende Population: Insgesamt: N = 177.061; Frauen: N = 86.517; Männer: N = 90.544

Abbildung 5-2: Frühverrentungsfälle in Deutschland im Jahr 2012, unterschieden nach Geschlecht und Art der zugrunde liegenden Erkrankung (Neubildungen = Tumorerkrankungen). Dargestellt ist der Anteil (%) der wichtigsten Krankheitsarten an den Rentenneuzugängen wegen verminderter Erwerbsfähigkeit für das Jahr 2012 insgesamt, für Frauen und für Männer. Zugrunde liegende Population: insgesamt n = 177.061; Frauen n = 86.517, Männer n = 90.544.

Quelle: BPtK-Studie zur Arbeits- und Erwerbsunfähigkeit – Psychische Erkrankungen und gesundheitsbedingte Frühverrentung; s. Linkverzeichnis [17] in Kap. 11. Mit freundlicher Genehmigung der Bundespsychotherapeutenkammer (BPtK) vom 29.09.2014.

brechungen und Störungen, große Verantwortung sowie Überforderung werden von den Betroffenen sehr oft als mögliche (Mit-)Ursachen ihrer psychischen Störungen genannt.

Ähnliche Tendenzen wie bei der Frühverrentung zeigen sich auch bei den **Langzeit-Arbeitsunfähigkeitsfällen** (Langzeit-AU-Fälle; s. Abbildung 5-3) infolge psychischer Erkrankungen. Die Bundespsychotherapeutenkammer ermittelte für das Jahr 2013, dass in Deutschland 32,3% der Langzeit-AU-Fälle bei Arbeitslosen und 18,5% der Langzeit-AU-Fälle bei Beschäftigten auf psychische Erkrankungen zurückzuführen sind. Welcher Art die psychischen Erkrankungen waren, die zur Langzeitarbeitsunfähigkeit führten, wurde ebenfalls ermittelt. Achtundsiebzig Prozent dieser Fälle waren durch „Affektive Störungen" (41,7%; zu den affektiven Störungen gehören die Depressionen) sowie durch „Neurotische, Belastungs- und Somatoforme Störungen" (36,3%; hierzu gehören neben den Belastungsstörungen auch Psychosomatische Störungen) verursacht. Entsprechende Zahlen ergaben sich bei den **Langzeit-Arbeitsunfähigkeitstagen** (Langzeit-AU-Tage). Dreiundachtzig Prozent der Langzeit-AU-Tage wurden durch affektive Störungen (47,9%) sowie durch Neurotische Störungen, Belastungsstörungen und Somatoforme Störungen (35,1%) hervorgerufen. Diese Zahlen weisen darauf hin, dass Stress hier eine der Ursachen sein könnte.

Ein weiterer wichtiger Faktor aus volkswirtschaftlicher Sicht ist das **Alter bei Beginn der Frührente**. Je früher eine Person aus dem Erwerbsleben ausscheidet, desto höher sind die Kosten, die dadurch aus volkswirtschaftlicher Sicht entstehen. Abbildung 5-4 zeigt, dass Personen, die aufgrund von Störungen der Psyche bzw. des Nervensystems

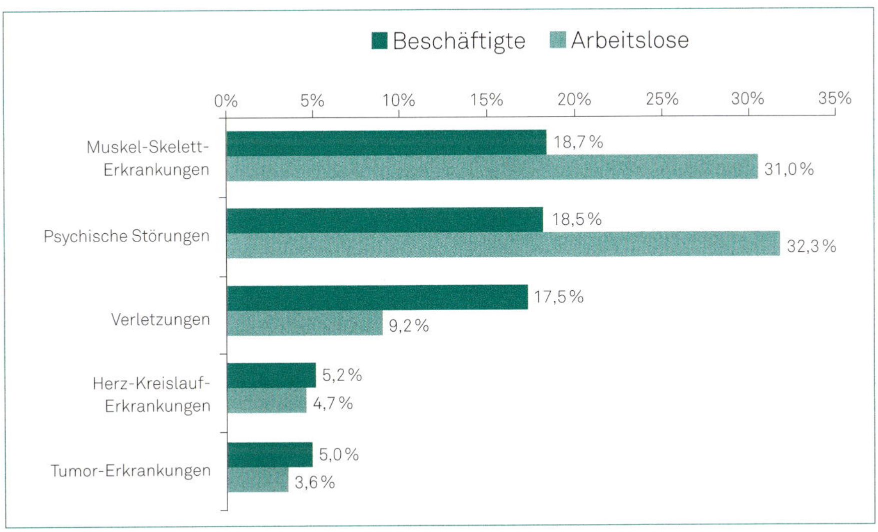

Abbildung 5-3: Zahl der Langzeit-Arbeitsunfähigkeitsfälle (Langzeit-AU-Fälle), die im Jahr 2012 von den beiden deutschen Krankenkassen BARMER GEK und BKK angegeben wurden, unterschieden nach der Art der zugrunde liegenden Erkrankung und nach der Tatsache, ob es sich um beschäftigte oder arbeitslose Versicherte handelt. Die Angaben beziehen sich damit auf 28,9% der gesetzlich Krankenversicherten in Deutschland.
Quelle: nach den Daten der BPtK-Studie zur Arbeits- und Erwerbsunfähigkeit – Psychische Erkrankungen und gesundheitsbedingte Frühverrentung, s. Linkverzeichnis [17] in Kap. 11.

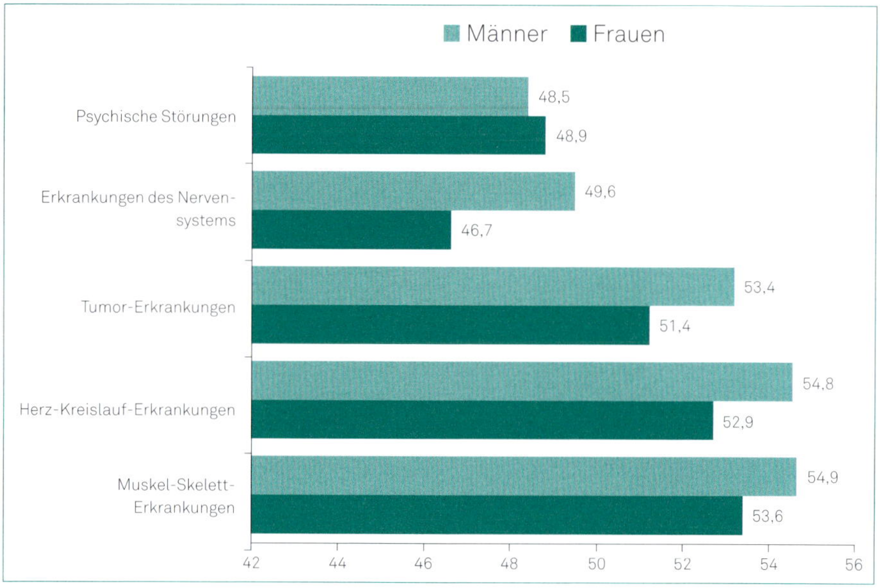

Abbildung 5-4: Durchschnittliches Renteneintrittsalter (in Jahren) bei verminderter Erwerbsfähigkeit im Jahr 2012 in Deutschland, unterschieden nach dem Geschlecht und nach der Art der zugrunde liegenden Erkrankung.
Quelle: nach den Daten der BPtK-Studie zur Arbeits- und Erwerbsunfähigkeit – Psychische Erkrankungen und gesundheitsbedingte Frühverrentung, s. Linkverzeichnis [17] in Kap. 11.

frühzeitig in Rente gehen, im Durchschnitt noch besonders jung sind. Nach den Angaben der Deutschen Rentenversicherung sind Frauen, die aufgrund psychischer bzw. nervlicher Störungen frühzeitig aus dem Erwerbsleben ausscheiden, durchschnittlich 48,9 (psychische Störungen) bzw. 46,7 Jahre (Erkrankungen des Nervensystems) alt. Männer sind in solchen Fällen durchschnittlich 48,5 (psychische Störungen) bzw. 49,6 Jahre (Erkrankungen des Nervensystems) alt. Im Vergleich zu anderen häufigen gesundheitlichen Gründen für das vorzeitige Ausscheiden aus dem Berufsleben (Herz-Kreislauf-Erkrankungen, bösartige Tumoren, Muskel-/Skeletterkrankungen) scheiden Menschen mit psychischen bzw. nervlichen Störungen im Durchschnitt ca. fünf Jahre früher aus dem Beruf aus.

5.2 Folgekosten von Langzeitarbeitsunfähigkeit und Frühverrentung

Stress in der Arbeitswelt kostet viel Geld. Anders als in der Schweiz (s. Kap. 5.3) gibt es in Deutschland aber bislang (Stand: Mitte 2016) keine detaillierten Berechnungen zu den volkswirtschaftlichen Gesamtkosten von Stress. Wie jedoch bereits erläutert, steigt die Zahl der Menschen, die aufgrund von psychischen Störungen behandelt werden. Ebenso steigt die Zahl der Menschen, die aus diesem Grund vorzeitig in Rente gehen. Die Zahlen der Gesundheitsberichterstattung des Bundes zeigen, dass im letzten Jahrzehnt parallel dazu auch die Krankheitskosten aufgrund von - häufig stressbedingten - psychischen Störungen anstiegen (s. Abbildung 5-5). Ähnlich wie bei den Fallzahlen sind auch hier die Frauen stärker betroffen. Bei ihnen stiegen die Krankheitskosten aufgrund psychischer Störungen je Einwohnerin in den Jahren zwischen 2002 und 2008 von 350 € auf 430 € und damit um 22,9 % an. Parallel dazu wurde bei den Männern ein Anstieg von 210 € auf 260 € registriert. Hier war also „nur" ein Anstieg um 8,0 % zu verzeichnen.

Obwohl nach Angaben des Statistischen Bundesamtes im letzten Jahrzehnt insgesamt ein Rückgang bei den *verlorenen Erwerbstätigkeitsjahren* zu erkennen war, nahm die Anzahl der verlorenen Erwerbstätigkeitsjahre aufgrund von Depressionen von 145.000 Jahren im Jahr 2004 auf 158.000 Jahre im Jahr 2006 zu.

Definition „Verlorene Erwerbstätigkeitsjahre"
Nach Angaben des Statistischen Bundesamtes werden bei der Krankheitskostenrechnung die verlorenen Erwerbstätigkeitsjahre als kalkulatorische Kennzahl berechnet, da hier neben den direkten, in Geld ausgedrückten Krankheitskosten aus volkswirtschaftlicher Sicht weitere mögliche Verluste infolge von Krankheit anfallen. Sie entstehen durch Arbeitsunfähigkeit, Invalidität oder vorzeitigen Tod der erwerbstätigen Bevölkerung und werden in Form von verlorenen Erwerbstätigkeitsjahren unter Berücksichtigung der jeweils im Jahr aktuellen Erwerbstätigkeitsquoten berechnet.

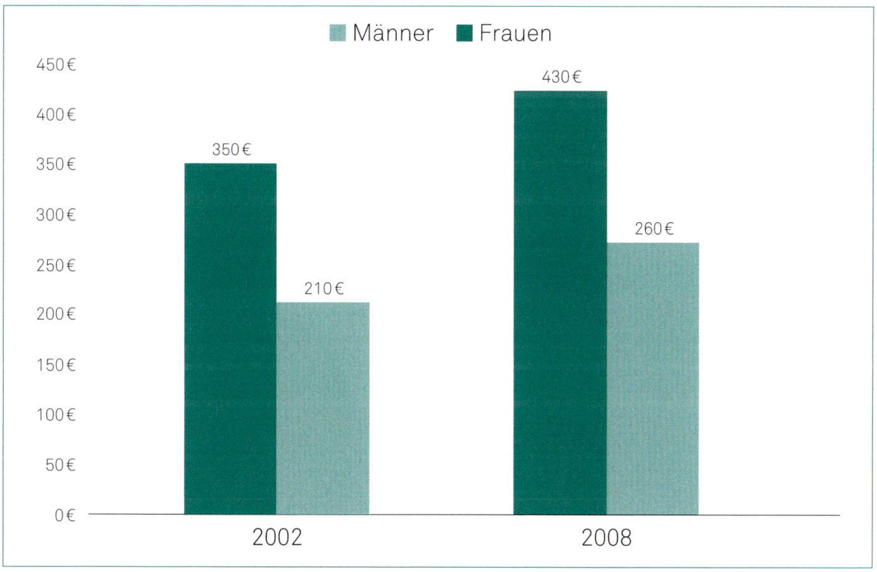

Abbildung 5-5: Entwicklung der Krankheitskosten aufgrund von psychischen Störungen je Einwohner in Deutschland.
Quelle: nach den Daten der Gesundheitsberichterstattung des Bundes; s. Linkverzeichnis [18] in Kap. 11.

Die große Zahl an AU-Tagen aufgrund von psychischen Erkrankungen **führt nach Angaben des deutschen** Bundesministeriums für Arbeit und Soziales (BMAS) vom 29.01.2013 zu einem **Ausfall an Bruttowertschöpfung** von 10,3 Mrd. € und zu **Produktionsausfallkosten** in Höhe von 5,9 Mrd. € pro Jahr. Wenn Menschen aufgrund einer Erkrankung nicht arbeitsfähig sind, entsteht also ein Ressourcenverlust für die Gesellschaft, der sich in Euro ausdrücken lässt. Die sich daraus ergebenden Fehlzeiten am Arbeitsplatz bzw. die lang dauernde Abwesenheit führen direkt in den Unternehmen zu hohen Kosten durch einen Produktivitätsausfall. Es fallen jedoch nicht nur Stresskosten in den Unternehmen an, sondern auch bei den **Sozialversicherungen.** Das BMAS gab dazu an, dass im Jahr 2006 knapp 27 Mrd. € für die Behandlung psychischer Erkrankungen ausgegeben wurden. Das waren 3,3 Mrd. € mehr als im Jahr 2002, d.h. in diesem Zeitraum (2002–2006) war ein Anstieg von etwa 14 % zu verzeichnen. Es wurde dabei nicht angegeben, ob es sich bei den genannten Kosten dieser Behandlung ausschließlich um Kosten handelte, die von den Sozialversicherungen getragen wurden, oder ob hierbei z. B. auch die Kosten von Selbstmedikation mit einbezogen wurden. Letztere wären selbstverständlich auch Kosten im Zusammenhang mit Stress und Stresserkrankungen.

Die **Krankheitskosten** für die medizinische Heilbehandlung sowie Präventions-, Rehabilitations- oder Pflegemaßnahmen bei Menschen mit Depressionen beliefen sich nach Angaben des Statistischen Bundesamtes im Jahr 2008 auf insgesamt 5,2 Mrd. €. Etwa 1,8 Mrd. € hiervon betrafen den ambulanten und 2,9 Mrd. € den stationären bzw. teilstationären Bereich. Im Stressreport Deutschland 2012 merkt die Bundesanstalt für Arbeitsschutz und Arbeitsmedizin hierzu an, dass die (finanziellen) Aufwendungen für Behandlungen etc. unter dem Kosten-Nutzen-Blickwinkel durchaus als positiv zu bewerten seien, da sie z. B. zur Reduktion von Arbeitsunfähigkeit oder unangemessenen Arztkontakten führen.

Eine Studie aus dem Jahr 2005 im Rahmen der European Study of the Epidemiology of Mental Disorders (ESEMeD) berechnete die direkten **Kosten der depressiven Erkrankungen** in Deutschland pro betroffener Person und Jahr mit 686 €. Eine zweite Studie aus dem Jahr 2004 schätzte die depressionsbezogenen Behandlungskosten dagegen auf 2.542 € pro Jahr. Diesen recht großen Unterschied führt die Bundesanstalt für Arbeitsschutz und Arbeitsmedizin im Stressreport Deutschland 2012 darauf zurück, dass Unterschiede in der Studienpopulation (Bevölkerungsstichprobe vs. depressive Patienten) bestanden und unterschiedliche Konzepte angewandt wurden, um die Kosten zu berechnen (s. dazu auch Kap. 5.4).

5.3 Internationale Vergleichszahlen zu den volkswirtschaftlichen Kosten von Stress

5.3.1 Schweiz

In der Schweiz veröffentlichte das Schweizerische Staatssekretariat für Wirtschaft (SECO) im Jahr 2003 eine Studie zur volkswirtschaftlichen Bedeutung von Stress. Hiernach gehören Stress- und Burnout-Phänomene zu den größten Gesundheitskosten-Verursachern in Schweizer Betrieben. Das SECO bezifferte die stressbedingten Kosten am Arbeitsplatz mit 4,2 Mrd. CHF pro Jahr. Davon entfielen 1,4 Mrd. CHF auf medizinische Kosten, 348 Mio. CHF wurden im Rahmen der Selbstmedikation ausgegeben und 2,4 Mrd. CHF wurden für Fehlzeiten und Produktionsausfälle veranschlagt. Die errechneten Stresskosten entsprachen damit 1,2 % des schweizerischen Bruttoinlandsproduktes im Jahr 2003. Im Rahmen dieser Studie wurden allerdings weitere Kosten für die Volkswirtschaft – z. B. IV-Kosten (Invalidenversicherung) oder Arbeitsausfallkosten – nicht berücksichtigt. Abbildung 5-6 zeigt die in der Schweiz anfallenden Stresskosten, unterteilt nach drei Bevölkerungsgruppen (nicht gestresst – gestresst mit ausreichender Stressbewältigung – gestresst ohne ausreichende Stressbewältigung).

Bei der Schweizer Stressstudie 2010 (s. Linkverzeichnis [20] in Kap. 11) wurden keine Berechnungen zu den volkswirtschaftlichen Stresskosten angestellt. Wie in Kap. 1.1 dargestellt, hat sich jedoch die Zahl der Schweizer, die über häufigen bzw. sehr häufigen Stress klagen, in der Zwischenzeit weiter um etwa 30 % erhöht (s. Abbildung 1-3). Es ist also davon auszugehen, dass auch die volkswirtschaftlichen Kosten, die durch Stress verursacht werden, um einen ähnlichen Prozentsatz angestiegen sind. Hiernach lägen die stressbedingten Kosten nun wahrscheinlich bei über 5 Mrd. CHF.

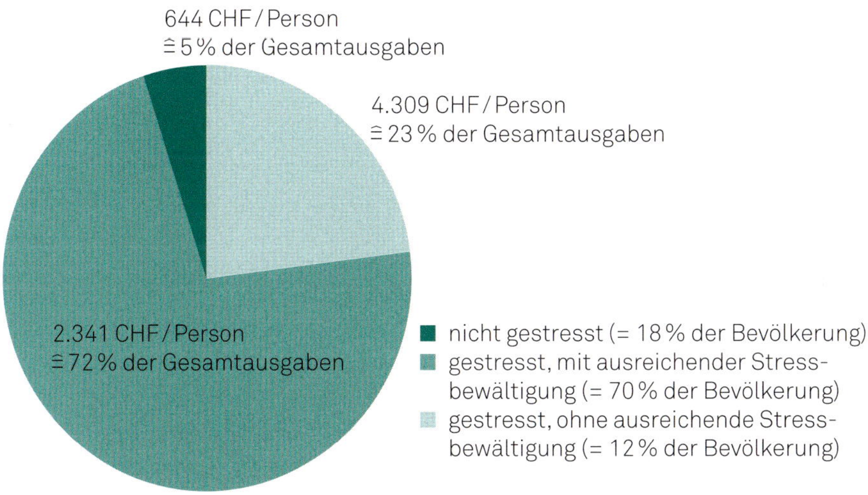

Abbildung 5-6: Die pro Person anfallenden finanziellen Kosten des Stresses in der Schweiz, aufgeteilt in drei Bevölkerungsgruppen: 1. Nicht gestresst, 2. Gestresst, mit ausreichender Stressbewältigung, 3. Gestresst, ohne ausreichende Stressbewältigung; Angaben in Schweizer Franken (CHF); Berechnung aus dem Jahr 2003.
Quelle: nach den Daten von Ramaciotti D, Perrinard J. Die Kosten des Stresses in der Schweiz. Staatssekretariat für Wirtschaft SECO, 2003, s. Linkverzeichnis [19] in Kap. 11.

5.3.2 Europäische Union (EU)

In den EU-Mitgliedstaaten wurde bereits 1998 geschätzt, dass sich die Kosten aller mit Stress zusammenhängenden psychischen Probleme auf jährlich 3–4 % des Bruttoinlandsprodukts (BIP) beliefen. Dies waren zu dieser Zeit etwa 265 Mrd. €. Heute geht man davon aus, dass in der EU mittlerweile **stressbedingte Kosten am Arbeitsplatz** in Höhe von 5–10 % des BIP entstehen. Nimmt man einen Prozentsatz von 5 % an, wären im Jahr 2013 in Deutschland bei einem BIP von 2.737,6 Mrd. € insgesamt stressbedingte Kosten in Höhe von 136,9 Mrd. € angefallen. In Österreich lägen dann die stressbedingten Kosten – bei einem BIP von 313,07 Mrd. € – bei insgesamt 15,6 Mrd. €.

Eine Berechnung von Schneider/Dreer aus dem Jahr 2013 zeigt am Beispiel Österreichs, dass es bei der **Berechnung der Burnout-Kosten** und -Folgekosten ganz erheblich auf den Diagnosezeitpunkt ankommt. In dem dort berechneten Szenario 1 wird der überwiegende Anteil (80 %) an Burnout-Diagnosen im Frühstadium gestellt, 15 % mit einer Zeitverzögerung und 5 % in einem späten Stadium. In Szenario 2 werden dagegen „nur" 60 % der Diagnosen in einem frühen Stadium erstellt, 30 % mit einer Zeitverzögerung und 10 % in einem späten Stadium. Schneider/Dreer berechnen für Szenario 1 volkswirtschaftliche Gesamtkosten für die gesamte Behandlungsdauer von 3,9–5,5 Mrd. Euro. In Szenario 2 belaufen sich die Gesamtkosten für das Gesundheitssystem und die Wirtschaft dagegen auf 7,0 und 9,9 Mrd. Euro (nicht pro Jahr, sondern jeweils für den gesamten Behandlungszeitraum). Die Autoren folgern daraus, dass die Kosten, die aufgrund der Erkrankung entstehen, umso geringer sind, je früher eine Burnout-Diagnose gestellt wird.

5.4 Kritische Betrachtung der Stresskosten

Bei den genannten Zahlen ist zu berücksichtigen, dass es sich überwiegend um **Schätzungen** handelt. Die Berechnungen unterscheiden sich zum Teil erheblich, je nachdem, welche Population der Untersuchung zugrunde liegt und welche Kosten in die Kalkulationen mit einbezogen werden. In einigen Berechnungen werden nur die direkten Kosten (z. B. Behandlungskosten, Medikamente, Inanspruchnahme von Hilfeleistungen) berücksichtigt. Andere Berechnungen basieren nur oder z. T. auch auf den anfallenden indirekten Kosten (Produktivitätsverluste). Bei diesen werden jedoch z. B. in der Regel die Produktivitätsverluste im Bereich der nicht bezahlten Arbeit nicht mit berücksichtigt. Auch die sog. intangiblen Kosten (z. B. mit der Erkrankung verbundene Ängste oder Stigmata) werden, da sie sich nur schwer in Geld ausdrücken lassen, meist nicht mit berücksichtigt.

Weiterhin werden in die angeführten Berechnungen oft Zahlen mit einbezogen, die im Hinblick auf **psychische Erkrankungen allgemein** erhoben wurden. Hierbei ist zu berücksichtigen, dass selbstverständlich nicht alle psychischen Erkrankungen stressbedingt sind oder in irgendeiner Form mit Stress zu tun haben. Selbst wenn hier nach der Art der psychischen Erkrankung differenziert wird, ist dies immer nur ein Annäherungswert, weil beispielsweise auch nicht alle Depressionen durch Stress hervorgerufen werden. Da es keine ärztliche Hauptdiagnose „Stressbedingte Erkrankung" oder „Burnout aufgrund von Stress" (s. Kap. 4.4) gibt und selbst die Frage „Was ist Stress?" von vielen Wissenschaftlern und Praktikern unterschiedlich beantwortet wird, werden die Berechnungen wohl auch in Zukunft in vielerlei Hinsicht etwas willkürlich sein.

Aufgabe 6

Ermitteln Sie bitte, ob es in Ihrer Firma/Ihrer Institution/Ihrer Hochschule Zahlenmaterial zu den Kosten gibt, die durch stressbedingte Erkrankungen der Mitarbeiter entstanden sind.

- Wenn ja: Erstellen Sie bitte eine Übersicht über diese Kosten.
- Wenn nein: Untersuchen Sie bitte, ob es in Ihrer Firma/Institution/Ihrer Hochschule Zahlen gibt, die man zur Berechnung dieser Kosten heranziehen könnte, und erstellen Sie hierzu eine Übersicht.

6 Umgang mit Stress

Stress ist Teil unseres Lebens. In den vorangegangenen Kapiteln wurde gezeigt, dass die Komplexität unserer Lebenswelten – insbesondere auch im Arbeitsbereich – in den letzten Jahrzehnten erheblich zugenommen hat. Dies trägt dazu bei, dass wir unsere Lebenswelt immer häufiger als (im negativen Sinne) stressauslösend wahrnehmen.

Auch wurde bereits darauf eingegangen, dass nicht jeder, der starken Belastungen ausgesetzt ist, diese Belastungen als stressend empfindet und ggf. dann später an Stressfolgeerkrankungen leidet. Um die belastenden Situationen in einem positiven Sinne meistern zu können, muss die betroffene Person über ausreichende und passende Ressourcen verfügen. Solche Ressourcen können einerseits in der Umgebung des Menschen liegen oder andererseits in der Person selbst begründet sein.

Leider ist es im Bereich der Gesundheitsförderung immer noch so, dass die angebotenen Methoden zur Stressvermeidung und Stressreduktion in der Regel nur am Individuum ansetzen. Es kommen hier also fast ausschließlich therapeutische Maßnahmen bzw. Maßnahmen der *Verhaltensprävention* zum Einsatz. Im Gegensatz dazu werden Maßnahmen der *Verhältnisprävention* im Bereich der Stressvermeidung und Stressprävention kaum diskutiert und angewandt.

Definitionen „Verhaltensprävention" und „Verhältnisprävention"
Verhaltensprävention setzt direkt am Menschen an. Maßnahmen der Verhaltensprävention sind darauf ausgerichtet, das Verhalten der Menschen so zu beeinflussen, dass es ihrer Gesundheit dient und somit ihre Erkrankungswahrscheinlichkeit senkt.
Verhältnisprävention setzt an der Umgebung des Menschen, d. h. an den „Verhältnissen" an, in denen er lebt. Verhältnisprävention will also die Gesundheit von Menschen dadurch verbessern, dass sie ihre Umwelt sowie ihre Lebens- und Arbeitsbedingungen positiv beeinflusst.

Näheres zur Verhaltens- und Verhältnisprävention finden Sie im Band 2 der „Kompaktreihe Gesundheitswissenschaften" mit dem Titel „Gesundheitsförderung und Prävention".

6.1 Methoden der Stressvermeidung und Stressreduktion

Wie man mit Stress umgehen sollte, das versuchen uns stressgeplagten Menschen der verschiedensten *Professionen*[20] (u.a. sogenannte „Stressmanager") schon seit vielen Jahren nahe zu bringen. Diese haben die unterschiedlichste Vorbildung. Oft sind es Psychologen oder Psychotherapeuten, seltener Ärzte, manchmal auch Leute aus der Wirtschaft und recht häufig Menschen aus dem alternativen Bereich, die z.B. fernöstliche Entspannungsmethoden etc. zur Stressreduktion anbieten. Fast alle gehen das Problem „Stress" auf der individuellen Ebene an, d.h. sie bieten therapeutische Maßnahmen oder verhaltenspräventive Maßnahmen an. Ihnen ist darüber hinaus auch gemein, dass sich die angebotenen Methoden gegen psychisch belastenden Stress richten. Es sind also Methoden, die den betroffenen Menschen helfen sollen, den psychisch belastenden Stress zu verringern oder ganz abzubauen. Die dazu verwendeten Strategien dienen v.a. dem Erhalt und der Förderung von vorhandenen Ressourcen. Diese Ressourcen können auf der gedanklichen (kognitiven), der gefühlsmäßigen (emotionalen) und/oder der körperlichen (physiologischen, insbesondere der neuronalen) Ebene liegen.

Viele Menschen wenden solche Methoden bereits unbewusst an. Sie haben im Verlauf ihres Lebens gelernt, was ihnen in bestimmten Situationen gut tut. Das heißt, sie greifen damit auf schon vorhandene Ressourcen zurück. Das können z.B. Alltagsaktivitäten sein, die beim Stressabbau helfen (z.B. ein Buch lesen, mit den Kindern ein Spiel spielen, ein Entspannungsbad nehmen, sich regelmäßig mit Freunden treffen, Sport treiben etc.). Andere Menschen haben sich bewusst Methoden angeeignet, die sie nun anwenden, um nicht in Stress zu geraten oder den vorhandenen Stress abzubauen.

Im nächsten Abschnitt beschäftigen wir uns also zuerst einmal damit, welche Methoden beim Umgang mit Stress heute angeboten und praktiziert werden. Damit „zäumen wir das Pferd praktisch von hinten auf". Anders als es eigentlich sinnvoll wäre, schauen wir uns hier nicht zuerst an, wie wir unsere Umgebung gestalten sollten, um Stress zu verhindern, sondern wir erörtern, wie wir mit bereits vorhandenem Stress sinnvollerweise umgehen sollten. Wir setzen somit direkt bei der Stressreaktion an. Betrachten Sie sich dazu bitte noch einmal Abbildung 3-3 in Kap. 3.2!

6.1.1 Ansatzpunkt „Stressreaktion"

Zu den am häufigsten verwendeten Methoden, eine Stressreaktion zu verhindern oder sie in einem positiven Sinne zu bewältigen, gehören Methoden der **palliativen** und **regenerativen Stressbewältigung**. Da es nicht zu vermeiden ist, dass Stressreaktionen immer wieder auftreten, geht es hier darum zu lernen, die körperliche und psychische Erregung während einer solchen Reaktion zu dämpfen und abzubauen sowie langfristig die eigene Belastbarkeit zu erhalten.

---

20 *Profession:* Beruf, Gewerbe, Metier

Definitionen „Palliative Maßnahme" und „Regenerative Maßnahme"
Palliative Maßnahmen sind Maßnahmen, deren vordergründiges Ziel nicht der Erhalt, die Genesung oder die Wiederherstellung der normalen (Körper-)Funktion ist, sondern die Linderung von Leiden oder die bestmögliche Anpassung an die gegebenen Verhältnisse.
Regenerative Maßnahmen haben dagegen die Wiederherstellung der normalen (Körper-)Funktion zum Ziel.

Typische Beispiele für Methoden der palliativen/regenerativen Stressbewältigung sind:

- regelmäßiges Praktizieren einer **Entspannungstechnik**, z.B. Progressive Muskelentspannung (PME; s. Box 7), Yoga, Autogenes Training
- regelmäßige **Bewegung** und/oder **sportliche Betätigung**
- ausreichend **Schlaf**
- gesunde, abwechslungsreiche **Ernährung**
- Pflege außerberuflicher **sozialer Kontakte**
- regelmäßiger Ausgleich durch **Hobbys** und **Freizeitaktivitäten**
- Tagesablauf mit ausreichenden **kleinen Pausen** zwischendurch
- Lernen, die **kleinen Dinge des Alltags** zu genießen

Box 7: Progressive Muskelentspannung (PME)
Ziel des Entspannungsverfahrens nach *Edmund Jacobson* ist die Wiederherstellung des Gleichgewichts zwischen sympathischer und parasympathischer Aktivität durch einen Zustand tiefer Entspannung des ganzen Körpers. Dieser Zustand soll durch die willentliche und bewusste An- und Entspannung bestimmter Muskelgruppen erreicht werden. Vorteil der Methode ist, dass die Übungen überall und jederzeit angewandt werden können, auch ohne dass die Umgebung dies bemerkt.

Praktische Durchführung:

- Jede Muskelgruppe wird für 5 bis 7 Sekunden angespannt; die Anspannung sollte dabei nicht maximal, aber deutlich spürbar sein.
- Danach folgt eine Entspannungsphase von ca. 40 Sekunden.
- Jede Muskelgruppe wird zweimal nacheinander angespannt.

Erlernt wird die Methode, indem 16 Muskelgruppen der Reihe nach angespannt und dann wieder entspannt werden. Fortgeschrittene können die Übungen auch mit sieben bzw. vier Muskelgruppen durchführen.

Die sieben Muskelgruppen:

1. Muskeln des Arms der dominanten Körperseite (z.B. Arm in 45° heben und Faust ballen)
2. Muskeln des Arms der nicht dominanten Körperseite (entsprechend)
3. Alle drei Gesichtsmuskelgruppen (z.B. Stirn runzeln, Augen zusammenkneifen, Nase rümpfen, Zähne aufeinanderbeißen und Mundwinkel zurückziehen)

4. Nackenmuskulatur (z. B. Kinn auf die Brust ziehen oder Kopf gegen die Lehne pressen)
5. Muskeln der Brust, Schultern, oberen Rückenpartie und Bauchmuskeln (z. B. Luft anhalten, Schulterblätter nach hinten ziehen, Bauch hart machen)
6. Muskeln des dominanten Ober- und Unterschenkels und Fußes (z. B. Bein hochheben, Zehen ausstrecken, Fuß nach innen drehen)
7. Muskeln des nicht dominanten Ober- und Unterschenkels und Fußes (entsprechend)

An dieser Stelle ist es wichtig darauf hinzuweisen, wie groß dabei insbesondere die Bedeutung von regelmäßiger Bewegung, von sportlicher Betätigung, aber auch von Singen und Lachen im Rahmen der primären, sekundären und tertiären Stressprävention (s. dazu die Erläuterung des Begriffs „Prävention" im Glossar, s. Kap. 9) ist. Weitere Methoden, die häufig angeboten werden, sind professionelles Coaching, Tai Chi, Qi Gong, Biofeedback, Alpha-Relaxing etc. Allerdings gibt es keine einheitlichen Aussagen über die Wirksamkeit der genannten Methoden im Hinblick auf die Stressbewältigung. Die vorhandenen Studien zur Wirksamkeit der Methoden sind von sehr unterschiedlicher Qualität. Es finden sich keine im strengen Sinne evidenzbasierten Studien (= Studien auf der Grundlage von *empirisch* nachgewiesener Wirksamkeit; s. hierzu auch „Evidenz" in Kap. 9) darunter. Trotzdem werden die Kosten für einige der genannten Maßnahmen auch von den Krankenkassen ganz oder zum Teil übernommen. PME, Yoga und Autogenes Training werden z. B. oft von Volkshochschulen angeboten.

Definition „Empirie"
Als Empirie bezeichnet man die Erfahrungswissenschaft. Empirisch erhobene Daten sind Daten, die im Labor oder im „Feld" (d. h. im normalen Leben, im natürlichen Kontext) gewonnen wurden.

6.1.2 Ansatzpunkt „Persönliche Einstellungen und Bewertungen"

Bei der **kognitiven Stressbewältigung** geht es darum, sich selbstkritisch eigener stresserzeugender oder stressverschärfender Einstellungen und Bewertungen bewusst zu werden und diese allmählich zu verändern. Bitte erinnern Sie sich an dieser Stelle noch einmal an Abbildung 3-3 in Kap. 3.2. Wir sind nun also bei den individuellen Stressverstärkern, Motiven, Einstellungen und Bewertungen.

Typische Ansatzpunkte für eine kognitive Stressbewältigung sind:

- **Schwierigkeiten** nicht als Bedrohung, sondern als **Herausforderung** sehen.
- Überprüfen von perfektionistischen Leistungsansprüchen, **Akzeptieren** der eigenen **Leistungsgrenzen.**
- **Innere Distanz wahren**, sich mit den täglichen Aufgaben weniger persönlich identifizieren.

- Den **Blick auf das „Wesentliche"**, auf das individuell wirklich „Wichtige" richten.
- Bei **unangenehmen Gefühlen** wie Ärger, Wut, Verletzt-Sein **nicht** an diesen **haften bleiben**.
- Die **Realität** so **akzeptieren**, wie sie ist; feste Vorstellungen und Erwartungen an andere überprüfen.
- Sich selbst **weniger wichtig nehmen**.

In vielen Fällen ist dabei eine professionelle Begleitung (z. B. durch Psychotherapeuten oder Ärzte) sinnvoll.

6.1.3 Ansatzpunkt „Stressoren"

Bei der **instrumentellen Stressbewältigung** geht es darum, äußere Belastungen und Anforderungen im beruflichen und privaten Bereich zu verändern, sie – soweit dies möglich ist – zu verringern oder ganz abzubauen. Im Gegensatz zu den Punkten „Stressreaktion" und „Persönliche Einstellungen und Bewertungen", die ausschließlich am Individuum ansetzen und damit zu Maßnahmen der Verhaltensprävention (oder auch der Therapie) führen, können beim Ansatzpunkt „Stressoren" sowohl verhaltens- als auch verhältnispräventive Maßnahmen ins Blickfeld rücken. Mithilfe von „Instrumenten" soll bei dieser Art der Stressbewältigung also entweder etwas im Mensch selbst oder in seiner Umgebung verändert werden. Betrachten wir nun noch einmal Abbildung 3-3 (s. Kap. 3.2), dann stellen wir fest, dass wir nun ganz oben bei den Stressoren, also den stressauslösenden Faktoren angekommen sind. Diese können individuell ja sehr unterschiedlich sein. Bitte schauen Sie sich hierzu nun auch noch einmal Abbildung 3-1 und Abbildung 3-2 (s. Kap. 3.1) an!

Typische Ansatzpunkte bei der instrumentellen Stressbewältigung sind:

- **Entwicklung sozialkommunikativer Kompetenzen:** z. B. Grenzen setzen, „Nein" sagen lernen, Unterstützung suchen, sich ein (berufliches und/oder privates) Netzwerk aufbauen, Mitmenschen auch etwas Positives sagen können, Mitmenschen verstehen lernen
- **Organisatorische Verbesserungen:** z. B. bessere Aufgabenverteilung, Abläufe besser planen, Ablagesystem einführen etc.
- **Selbstmanagement**: Verbessern der persönlichen Arbeitsorganisation, z. B. durch eine klare Festlegung von Prioritäten, durch eine realistische Zeitplanung, durch die Delegation von Aufgaben an andere Personen
- **Entwicklung von Problemlösekompetenzen**
- **Erweiterung der fachlichen Kompetenzen:** z. B. durch Information, Fortbildung, durch kollegialen oder privaten Austausch

Fast alle der genannten Punkte spielen sowohl im beruflichen als auch im privaten Bereich eine wichtige Rolle. Sie werden gemerkt haben, dass auch alle hier genannten Ansatzpunkte – mit nur einer Ausnahme – am Individuum ansetzen und nicht an den

„Verhältnissen". Dass es durchaus auch viele mögliche verhältnispräventive Maßnahmen – sowohl im beruflichen als auch im privaten und im gesellschaftlichen Bereich – gibt, die der Stressvermeidung und der Stressreduktion dienen können, zeigt die folgende Aufgabe. Nach Beendigung der Aufgabe werden Sie sehen, dass es meist Maßnahmen sind, die dazu dienen, unser Miteinander, unser Arbeitsleben und unsere Umwelt menschengerechter und lebenswerter zu machen.

Tabelle 6-1: Stressursachen und geeignete verhältnispräventive und verhaltenspräventive Maßnahmen.

Stressursachen	verhältnispräventive Maßnahmen	verhaltenspräventive Maßnahmen
Lärm	Lärm vermeiden durch geräuscharme Geräte, Lärmschutzwände, Mehrfachverglasung in Gebäuden, Ausweisung von Wohngebieten und Gewerbegebieten, gesetzlich festgelegte Öffnungszeiten für Gaststätten	Lärmschutz tragen (z.B. Ohrstöpsel), sich in lärmarmen Bereichen aufhalten
Hitze	Klimaanlagen/Ventilatoren zur Regulation der Temperatur am Arbeitsplatz, Einsatz von computergesteuerten Maschinen an hitzebelasteten Arbeitsplätzen, Sonnenschutz zur Verfügung stellen	temperierte Räume aufsuchen, leichte Kleidung tragen, Sonnenschutz tragen (Sonnenbrille, Kopfbedeckung, Hautcreme etc.)
Nässe		
Gewalt		
Naturkatastrophen		
Unfälle		
Hunger		
Schmerz		
Behinderung		
Isolation/Einsamkeit		
Trennung		
Beziehungsprobleme		
Zeitdruck		
Prüfung		
Überforderung		

Aufgabe 7

1. Tabelle 6-1 gibt die Stressursachen aus Abbildung 3-1 wieder. Die Tabelle ist noch unvollständig. Sie sehen, dass zu den Stressursachen „Lärm" und „Hitze" bereits verhältnispräventive und verhaltenspräventive Maßnahmen genannt wurden. Bitte füllen Sie die Tabelle weiter aus, d. h. ergänzen Sie zu den dort genannten Stressursachen die passenden Maßnahmen der Verhältnis- und der Verhaltensprävention.
2. Werden in Ihrem Betrieb/Ihrer Institution/Ihrer Hochschule stressreduzierende Maßnahmen durchgeführt bzw. angeboten?
   - Wenn ja: Welche Maßnahmen sind das? Wie werden sie von der Belegschaft/der Studierendenschaft angenommen?
   - Welche Maßnahmen sollten Ihrer Meinung nach durchgeführt bzw. angeboten werden? Warum?

6.2 Therapie bei Stress?

Stress ist keine Erkrankung, sondern ein **Risikofaktor**, der mit dazu beitragen kann, dass ein Mensch erkrankt (s. Stressfolgeerkrankungen, Kap. 4.2). Daher steht beim Umgang mit Stress immer im Vordergrund, Stresssituationen zu vermeiden bzw. dann, wenn dies nicht möglich ist, den Umgang mit Stress so zu gestalten, dass es nicht zu Stressfolgeerkrankungen kommt.

Es gibt Menschen, die in Stresssituationen dazu neigen, sich selbst zu „therapieren" (d.h. sie suchen sich den Umgang mit dieser unangenehmen Situation zumindest vorübergehend zu erleichtern), indem sie zu Zigaretten, Alkohol, Medikamenten oder anderen Drogen greifen. Hierzu gehört auch, dass sich manche Menschen (v. a. solche, die im medizinischen oder pflegerischen Bereich arbeiten und daher leichteren Zugang zu Medikamenten haben), in Stresssituationen beispielsweise mit *Betablockern*[21]versorgen, um die bei chronischem Stress erhöhte Ruheherzfrequenz und den dann ebenfalls erhöhten Blutdruck zu senken. Es ist klar, dass eine solche „Selbstmedikation" die Situation in der Regel nicht verbessert, sondern die Probleme meist noch verschärft.

Doch es gibt auch Situationen, in denen eine Therapie – unter Umständen auch eine medikamentöse Therapie – bei Menschen in Stresssituationen sinnvoll sein kann. Selbstverständlich müssen Stressfolgeerkrankungen therapeutisch behandelt werden. Je nach Art der Erkrankung sind dann z. B. medikamentöse und/oder psychotherapeutische Maßnahmen angebracht. Oft werden darüber hinaus auch bewegungstherapeutische und ernährungstherapeutische Maßnahmen empfohlen. Insbesondere regelmäßige Bewegung ist hier von großer Bedeutung. In erster Linie muss jedoch auch daran gedacht werden, die Stressoren soweit wie möglich auszuschalten bzw. den gesunden Umgang mit Stressoren zu erlernen.

---

21 Medikamentengruppe, die im Körper die β-Adrenozeptoren blockiert und so die Wirkung von Adrenalin und Noradrenalin hemmt.

In manchen Fällen kann es darüber hinaus in akuten Stresssituationen nötig werden, therapeutisch einzugreifen, obwohl es noch nicht zu Folgeerkrankungen gekommen ist. In einem solchen Fall ist die Therapie gleichzeitig eine präventive Maßnahme, die eine Verschlechterung der Situation verhindern soll. Im Vordergrund sollten hierbei immer psychologische/psychotherapeutische Methoden stehen. Eine medikamentöse Therapie mit Beruhigungs- oder Schlafmitteln (z.B. Diazepam) ist v.a. wegen des Suchtpotenzials der Medikamente nur in Einzelfällen kurzfristig und unter ärztlicher Aufsicht vertretbar.

In **Akutsituationen** werden den Betroffenen in der Regel folgende phytotherapeutische (= pflanzliche) Medikamente empfohlen:

- Baldrian
- Hopfen
- Melisse
- Passionsblume

Die Phytotherapeutika gibt es als Tees oder in Tabletten- bzw. Dragee-Form. Sie wirken beruhigend und schlaffördernd. Bei ihnen besteht keine Gefahr einer Suchtentwicklung.

7 Stress im Bereich Gesundheitsförderung und Prävention

Der Risikofaktor Stress ist im Bereich Gesundheitsförderung und Prävention aufgrund seiner weiten Verbreitung, seiner erheblichen gesundheitlichen Auswirkungen und nicht zuletzt auch aufgrund der daraus entstehenden Kosten von großer Bedeutung.

In vielen Bereichen gibt es daher bereits Ansätze, um mithilfe verschiedenster Maßnahmen dem Problem „Stress" zu begegnen. Dies gilt insbesondere für die Betriebliche Gesundheitsförderung bzw. das Betriebliche Gesundheitsmanagement. Viele, aber längst nicht alle Betriebe haben inzwischen erkannt, dass Stress ihren Mitarbeitern schadet und damit auch zu negativen Folgen für den Betrieb führt. Am Beispiel „Stress im Arbeitsbereich" soll nun kurz erläutert werden, wie Stress dort erkannt wird und wie man professionell dagegen vorgehen kann.

7.1 Erkennen von Stress im Arbeitsbereich

Um konkrete Maßnahmen treffen zu können, muss zuerst einmal erkannt werden, dass Stress in einem bestimmten Bereich ein Problem darstellt. In Tabelle 7-1 finden Sie eine Zusammenstellung von verschiedenen stressauslösenden Faktoren, ihre jeweilige Häufigkeit in Europa sowie die davon hauptsächlich betroffenen Sektoren und Berufskategorien im Arbeitsbereich. Die Tabellen wurden von der Europäischen Agentur für Sicherheit und Gesundheitsschutz am Arbeitsplatz in der Broschüre „Stress lass nach!" (2002) veröffentlicht. Die Autoren geben den interessierten Firmen und ihren Mitarbeitern damit Indikatoren für arbeitsbedingten Stress an die Hand, mit deren Hilfe sie (Dis-) Stress in ihrem Betrieb erkennen und in seiner Bedeutung einschätzen können. Darüber hinaus nennen die Autoren bei den meisten Indikatoren auch noch beispielhaft wichtige Präventionsmaßnahmen.

Über die in Tabelle 7-1 genannten Stressindikatoren hinaus gibt es noch zahlreiche weitere mögliche Stressursachen im Arbeitsbereich. Sie können in den verschiedenen Berufssparten, in den einzelnen Berufen dieser Sparten und selbst zwischen einzelnen Firmen und Institutionen sehr unterschiedlich sein. Daher können solche Zusammenstellungen von Stressindikatoren nur erste Hinweise darauf geben, wo Stress in einem bestimmten Betrieb von Bedeutung sein könnte. Genaueres dazu kann erst eine Erhebung vor Ort ergeben. Möglich ist dies z.B. mithilfe einer Mitarbeiterbefragung, bei der darauf geachtet wird, dass die Teilnahme freiwillig erfolgt und die erhobenen Daten anonymisiert werden. Hierzu gibt es vorgefertigte Fragebögen (s. dazu beispielsweise den „Fragebogen zur Selbstanalyse Stress" der Techniker Krankenkasse, der nicht nur Fragen zu beruflich bedingtem Stress enthält, sondern auch den privaten Bereich abdeckt,

Tabelle 7-1: Verschiedene Indikatoren für arbeitsbedingten Stress. Angeführt sind auch die potenziellen gesundheitlichen Auswirkungen des auf diese Weise hervorgerufenen Stresses, seine Bedeutung in Europa, die hierdurch bevorzugt betroffenen Arbeitsbereiche und Berufe sowie mögliche Präventionsmaßnahmen. Zusammengestellt wurden die Indikatoren durch die Europäische Agentur für Gesundheit und Sicherheitsschutz am Arbeitsplatz.

Arbeiten unter Zeitdruck	
Mögliche gesundheitliche Auswirkungen	Arbeiten unter Zeitdruck kann zu stressbedingten Erkrankungen und schließlich zur Erschöpfung des Einzelnen führen. Ebenso können dadurch leichter menschliche Fehlleistungen eintreten, die Unfälle am Arbeitsplatz verursachen.
Situation in Europa	56 % aller befragten Beschäftigten arbeiten mindestens 25 % ihrer Arbeitszeit unter Zeitdruck.
Bereiche mit höchstem Risiko	• Hotels und Gaststätten • Post- und Fernmeldedienste • Bauwesen • einige Fertigungssektoren sowie Verlags- und Druckgewerbe
Berufe mit höchstem Risiko	• Unternehmensleiter • Arbeitnehmer im Kundendienst • Fahrer und Bedienungspersonal in fahrbaren Anlagen • Arbeiter in den Bereichen Metall, Maschinen und ähnlichen Bereichen
Eintönige Arbeit	
Mögliche gesundheitliche Auswirkungen	Eintönige Arbeit kann in erheblichem Maße zu stressbedingten Erkrankungen beitragen und dazu führen, dass durch Unachtsamkeit Unfälle entstehen. Außerdem kann der Einzelne dadurch verleitet werden, Risiken einzugehen, um die Langeweile zu vermindern.
Situation in Europa	40 % aller befragten Beschäftigten sind eintöniger Arbeit ausgesetzt.
Bereiche mit höchstem Risiko	• Gerben und Zurichten von Leder, Herstellung von Lederwaren • Herstellung von Textilien • Herstellung von Nahrungsmitteln und Getränken
Berufe mit höchstem Risiko	• Maschinenbediener und Montierer • Ausübung einfacher Arbeiten in den Bereichen Verkauf und Dienstleistungen • Arbeitnehmer im Kundendienst
Präventionsmaßnahmen	Es gibt eine Reihe von Maßnahmen, die eingeleitet und weiterentwickelt werden können, um das Risiko eintöniger Arbeit am Arbeitsplatz zu vermindern. Zu diesen Maßnahmen gehören: • die Notwendigkeit, die Aufgaben am Arbeitsplatz vielfältiger zu gestalten und systematische Arbeitsplatzwechsel durchzuführen • die Einführung neuer Formen der Arbeitsorganisation, die eine Beteiligung der Mitarbeiter beinhalten • die Bereitstellung von Schulungs- und Informationsmaßnahmen für die Beschäftigten
Mobbing und Schikane	
Mögliche gesundheitliche Auswirkungen	Mobbing und Schikane führen häufig zu stressbedingten Erkrankungen.

Situation in Europa	9 % aller befragten Beschäftigten sind Einschüchterungen am Arbeitsplatz ausgesetzt.
Bereiche mit höchstem Risiko	• Gesundheits- und Sozialwesen • Hotels und Gaststätten • Bildungswesen
Berufe mit höchstem Risiko	• Ausübung einfacher Arbeiten in den Bereichen Verkauf und Dienstleistungen • Arbeiten in den Bereichen persönliche Dienstleistungen und Schutzdienste • Arbeitnehmer im Kundendienst
Präventionsmaßnahmen	Es gibt eine Reihe von Maßnahmen, die eingeleitet und weiterentwickelt werden können, um das von Mobbing und Schikane am Arbeitsplatz ausgehende Risiko zu reduzieren. Zu diesen Maßnahmen gehören: • Bereitstellung von Schulungsmaßnahmen und Ausarbeitung von Verfahren für die Folgenbewältigung • die Notwendigkeit, Mitarbeiter im Gesundheitswesen, Arbeitsplatzinspektoren, die Sozialpartner sowie auch die Mitarbeiter am Arbeitsplatz so auszubilden, dass sie Mobbing am Arbeitsplatz und seine Opfer erkennen • Planung und Gestaltung sozialer Beziehungen am Arbeitsplatz • Verstärkung der Schutz- und Überwachungsmaßnahmen durch die Behörden • Bereitstellung von Informations- und Schulungsmaßnahmen für die Mitarbeiter
Durch Maschinen bestimmter Arbeitsrhythmus	
Mögliche gesundheitliche Auswirkungen	Ein durch Maschinen bestimmter Arbeitsrhythmus kann zu stressbedingten Erkrankungen und zu Verletzungen aufgrund mangelnder Konzentration führen.
Situation in Europa	20 % aller befragten Arbeitnehmer sind einem durch Maschinen bestimmten Arbeitsrhythmus ausgesetzt.
Bereiche mit höchstem Risiko	Fertigung
Berufe mit höchstem Risiko	• Maschinenbediener und Montierer • Arbeiter in den Bereichen Bergbau, Bauwesen, Fertigung und Transport • Fahrer und Bedienungspersonal von fahrbaren Anlagen
Präventionsmaßnahmen	Es gibt zahlreiche arbeitsbezogene Aufgaben, die durch repetitive und eintönige Tätigkeiten gekennzeichnet sind und von der Zusammenwirkung zwischen den Anforderungen der Maschine, Produktion und dem Beschäftigten bestimmt werden. Solche Zusammenhänge bestehen typischerweise bei ungelernten Arbeitskräften wie Metallarbeitern, Montagearbeitern/Packern und Beschäftigten in der Lebensmittelindustrie. Es gibt eine Reihe von Maßnahmen, die eingeleitet werden können, um das Risiko einer Gefährdung aufgrund eines von Maschinen bestimmten Arbeitsrhythmus zu reduzieren. Hierzu gehören: • Verbesserung der technischen und organisatorischen Maßnahmen • regelmäßige Arbeitsplatzinspektionen • Einführung regelmäßiger Pausen • routinemäßige Rotation der Arbeiten/Aufgaben • Bereitstellung von Informations- und Schulungsmaßnahmen

Durch äußere Anforderungen bestimmter Arbeitsrhythmus	
Mögliche gesundheitliche Auswirkungen	Die Bestimmung des Arbeitsrhythmus durch äußere Anforderungen kann zu stressbedingten Erkrankungen führen.
Situation in Europa	Bei 60 % aller befragten Beschäftigten wird der Arbeitsrhythmus durch äußere Anforderungen bestimmt.
Bereiche mit höchstem Risiko	• Hotels und Gaststätten • Gesundheits- und Sozialwesen • Einzelhandel
Berufe mit höchstem Risiko	• Arbeitnehmer im Kundendienst • Arbeitnehmer in den Bereichen persönliche Dienstleistungen und Schutzdienste • Berufe in den Bereichen Biowissenschaft und Gesundheit • Berufe in an Biowissenschaft und Gesundheit angrenzenden Bereichen
Präventionsmaßnahmen	Es gibt eine Reihe von Maßnahmen, die eingeleitet und weiterentwickelt werden können, um das von einem durch äußere Anforderungen bestimmten Arbeitsrhythmus ausgehende Risiko zu reduzieren. Zu diesen Maßnahmen gehören: • verbesserte Planung und Organisation der Arbeit • Einführung einer verbesserten Arbeitsorganisation einschließlich Rotation der Arbeiten/Aufgaben, regelmäßig planbare Pausen • Bereitstellung von Informations- und Schulungsmaßnahmen
Quelle: Modifizierte Zusammenstellung auf der Basis von: Roberts C. Von der Theorie in die Praxis. In: Europäische Agentur für Sicherheit und Gesundheitsschutz am Arbeitsplatz. Stress lass nach! Magazin 5, 2002. Mit freundlicher Genehmigung der Europäischen Agentur für Gesundheit und Sicherheitsschutz am Arbeitsplatz vom 05.11.2014.	

s. Abbildung 7-1). Ein gutes Instrument ist auch das kostenpflichtige S-Tool® der Gesundheitsförderung Schweiz, mit dessen Hilfe Unternehmen die Stressbelastung ihrer Mitarbeiter sehr detailliert ermitteln können. Einen Ausschnitt aus dem dort verwendeten Fragebogen finden Sie im Linkverzeichnis [21] in Kap. 11.

Sie können jedoch natürlich einen Fragebogen auch anhand einer guten Vorlage selbst konzipieren und die Fragen dabei den Gegebenheiten vor Ort anpassen. Hierzu sollten Sie weitere Hinweise auf häufige Stressauslöser im Arbeitsbereich nutzen, wie sie z. B. in Tabelle 7-2 aufgeführt sind.

Stressoren	Häufigkeit x Bewertung = Belastung										
	Nie	Manchmal	Häufig	Sehr oft	Nicht störend	Kaum störend	Ziemlich störend	Stark störend	Produkt		
	0	1	2	3	0	1	2	3	1	2	3
Termin-, Zeitdruck											
Störungen, zum Beispiel bei der Arbeit											
Dienstreisen											
Ungenaue Anweisungen und Vorgaben											
Verantwortung											
Aufstiegswettbewerb / Konkurrenzkampf											
Multitasking											
Konflikte am Arbeitsplatz											
Ärger mit dem Chef											
Ärger mit Kunden											
Ungerechtfertigte Kritik											
Dauerndes Telefonklingeln											
Informationsüberflutung											
Neuer Verantwortungsbereich											
Umweltbelastungen wie Lärm oder Schmutz											
Bildschirmarbeitsplatz											
Mangelhafte Kommunikation											
Autofahrt in der Stoßzeit											
Schulschwierigkeiten der Kinder											
Doppelbelastung Familie und Beruf											
Ärger mit der Verwandtschaft											
Krankheitsfall in der Familie											
Hausarbeit											
Rauchen											
Alkoholkonsum											
Übermäßige Kalorienzufuhr											
Bewegungsmangel											
Schwierigkeiten bei Kontaktaufnahme											
Unerfreuliche Nachrichten											
Konflikte mit Kindern											
Fehlende Erholungszeiten											
Menschenansammlung											
Trennung von (Ehe-)Partner von der Familie											
Einkaufen in der Stoßzeit											
Hohe laufende Ausgaben / Schulden											
Misserfolge											
Ärztliche Untersuchungen											
Sorgen											
Unzufriedenheit mit dem Aussehen											
Eigene Beispiele											

Liegen mehr als zehn Produktwerte über vier:
sollten Sie Techniken zur Stressreduktion lernen Ergebnis ______________________________

Abbildung 7-1: Fragebogen zur Selbstanalyse Stress der Techniker Krankenkasse.
Quelle: Techniker Krankenkasse. Stress – Wie Sie Stressoren erkennen und Belastungen besser bewältigen können; 23. Aufl. 2013, S. 11; s. Linkverzeichnis [22] in Kap. 11. Mit freundlicher Genehmigung der Techniker Krankenkasse vom 29.09.2014.

Tabelle 7-2: Auflistung wichtiger mit Stress in Verbindung gebrachter Faktoren am Arbeitsplatz, erstellt durch die Europäische Agentur für Sicherheit und Gesundheitsschutz am Arbeitsplatz.

Kategorie	Gefahren
Arbeitsinhalt	
Arbeitsumgebung und Arbeitsausrüstung	Probleme hinsichtlich der Zuverlässigkeit, Verfügbarkeit, Geeignetheit und Wartung oder Reparatur von Ausrüstungen und Einrichtungen
Aufgabengestaltung	mangelnde Abwechslung oder kurze Arbeitszyklen, zerstückelte oder sinnlose Arbeit, Unterforderung, große Unsicherheit
Arbeitsaufkommen/Arbeitsgeschwindigkeit	zu hohe oder zu geringe Arbeitsbelastung, mangelnde Kontrolle über die Arbeitsgeschwindigkeit, großer Zeitdruck
Arbeitszeitplan	Schichtbetrieb, unflexible Arbeitszeitpläne, unvorhersehbare Arbeitszeiten, lange oder unsoziale Arbeitszeiten
Arbeitskontext	
Organisationsmethoden und Funktionen	schlechte Kommunikation, wenig Unterstützung bei der Lösung von Problemen und bei der persönlichen Entwicklung, keine Festlegung der Organisationsziele
Rolle in der Organisation	Zweideutigkeit der Rolle und Rollenkonflikte, Verantwortlichkeit für Personen
Laufbahnentwicklung	Stagnieren und Unsicherheit der beruflichen Laufbahn, zu niedrige oder zu hohe Stellung, schlechte Bezahlung, unsicherer Arbeitsplatz, niedriger sozialer Wert der Arbeit
Entscheidungsspielraum/ Kontrolle	geringe Mitwirkung am Entscheidungsfindungsprozess, mangelnde Kontrolle über Arbeit (Kontrolle insbesondere in Form einer Mitwirkung, ist auch ein Kontext- und ein weitreichendes Organisationsproblem)
zwischenmenschliche Beziehungen am Arbeitsplatz	soziale oder physische Isolation, schlechte Beziehungen zu den Vorgesetzten, zwischenmenschliche Konflikte, mangelnde soziale Unterstützung
Schnittstelle zwischen Privatleben und Arbeit	Konflikt zwischen Anforderungen von Arbeit und Privatleben, geringe Unterstützung von zu Hause, Probleme bei doppelter Berufstätigkeit
Quelle: nach Cox T, Rial-Gonzáles E. Arbeitsbedingter Stress: Das europäische Bild. In: Europäische Agentur für Sicherheit und Gesundheitsschutz am Arbeitsplatz. Stress lass nach! Magazin 5, 2002. Mit freundlicher Genehmigung der Europäischen Agentur für Gesundheit und Sicherheitsschutz am Arbeitsplatz vom 05.11.2014.	

7.2 Vorgehen bei arbeitsbedingtem Stress

7.2.1 Stress identifizieren und Maßnahmen planen

In vorangegangenen Kapiteln haben wir gesehen, dass Ansatzpunkte zum Umgang mit Stress und zur Stressbewältigung in der Arbeitswelt v.a. in den folgenden beiden Bereichen liegen:

- in der Gestaltung der Arbeitsaufgaben und der Arbeitsorganisation (Verhältnisprävention)
- im Verhalten der Mitarbeiter (Verhaltensprävention)

Wie Stress am Arbeitsplatz z.B. in Deutschland und der Schweiz gesehen wird und welche Maßnahmen dort jeweils dagegen ergriffen werden, können Sie den Videos der Allgemeinen Ortskrankenkasse (AOK) Rheinland/Hamburg und der Gesundheitsförderung Schweiz entnehmen (s. Linkverzeichnis [23] und [24] in Kap. 11). Auch die Bundesanstalt für Arbeitsschutz und Arbeitsmedizin (BAuA) gibt in der Broschüre „Streß im Betrieb – Handlungshilfen für die Praxis“ Hinweise darauf, wie das Problem Stress in der Arbeitswelt angegangen werden kann (s. Linkverzeichnis [25] in Kap. 11).

In Kap. 7.1 haben wir bereits gesehen, dass der erste Schritt beim Umgang mit arbeitsbedingtem Stress das Erkennen von Stress anhand von Stressindikatoren ist. Bevor wir uns also in diesem Bereich konkreten Pläne und Maßnahmen widmen, muss klar sein, dass Stress in einem bestimmten Betrieb ein Problem ist. Dies ist dann der Fall, wenn ein größerer Anteil der Mitarbeiter über arbeitsbedingten Stress klagt.

Merke
Nur dann, wenn Stress auch von Arbeitgeber- und Arbeitnehmervertretern als ein Problem gesehen wird, das gelöst werden sollte und wenn die entsprechenden finanziellen Ressourcen zur Umsetzung von stressreduzierenden Maßnahmen bereitgestellt werden, ist es sinnvoll, gemeinsam einen **Maßnahmenplan** zu erstellen. Dieser Maßnahmenplan sollte auf den in Tabelle 7-3 genannten zehn W-Fragen aufbauen.

Sehen alle Beteiligten Stress im Betrieb als ein Problem an, das es zu lösen gilt, sollte zuerst einmal festgelegt werden, ob personelle Ressourcen für die Erarbeitung und Durchführung von stressreduzierenden Maßnahmen im Betrieb vorhanden sind oder ob man sich externe Unterstützung dabei sucht.

Wir gehen hier nun davon aus, dass das Problem betriebsintern gelöst werden soll. In diesem Fall ist es sinnvoll, festzulegen, wer mit der Erstellung eines Maßnahmenplans und ggf. auch mit der Koordinierung bei der Umsetzung der Maßnahmen betraut werden soll. Vorzugsweise sollte dies jemand sein, der Kenntnisse im Bereich Gesundheitsförderung/Public Health besitzt. Dies muss nicht unbedingt ein Arbeitsmediziner sein. Es ist jedoch wichtig, dass der Beauftragte über ausreichenden Rückhalt bei der Firmenleitung und ggf. auch bei der Arbeitnehmervertretung verfügt. Um das Projekt erfolgreich durchsetzen zu können, muss dem Beauftragten darüber hinaus auch ausreichend Zeit

Tabelle 7-3: Zehn W-Fragen zur Erstellung eines Maßnahmenplans bei arbeitsbedingtem Stress.

1.	**Wodurch** und in welchen Situationen tritt Stress auf?
2.	**Wer** fühlt sich hiervon gestresst?
3.	**Wie** häufig fühlen sich die Betroffenen gestresst?
4.	**Wie** stark fühlen sich die Betroffenen dadurch belastet?
5.	**Welche** Faktoren sind an der Auslösung des Stresses beteiligt?
6.	**Welche** Maßnahmen können den Stress mindern oder beseitigen? (Und: **Welche** dieser potenziellen Maßnahmen liegen innerhalb, welche außerhalb der direkten Einflusssphäre des Unternehmens?)
7.	**Welche** Betriebsabteilungen/Arbeitsgruppen/Hierarchieebenen (und ggf. weitere Interessengruppen und andere Beteiligte) müssen bei der Umsetzung der vorgeschlagenen stressreduzierenden Maßnahmen mit einbezogen werden?
8.	**Welche** „Nebenwirkungen" könnten durch das Umsetzen dieser Maßnahmen auftreten?
9.	**Welche** der gefundenen Maßnahmen sind umsetzbar?
10.	**Welche** der gefundenen Maßnahmen würden von den Betroffenen akzeptiert?

zur Verfügung stehen. Dass für die zu planenden Maßnahmen in vielen (nicht allen!) Fällen selbstverständlich auch ausreichend finanzielle Mittel vorhanden sein müssen, haben wir bereits oben angesprochen. Es ist sinnvoll, für die Maßnahmenplanung eine Arbeitsgruppe zusammenzustellen, die Vertreter aller Beteiligten umfasst. Auf diese Weise können möglichst viele Ideen der betroffenen Mitarbeiter aufgegriffen werden. Die entsprechend ausgearbeiteten Maßnahmen werden dann von allen eher als sinnvoll angesehen und akzeptiert.

Im folgenden Text werden die in Tabelle 7-3 genannten zehn W-Fragen, deren Antworten im Maßnahmenplan (s. Abbildung 7-2) festgehalten werden sollen, noch einmal kurz aufgegriffen und etwas näher erläutert. Eine kompakte Einführung in die Planung von gesundheitsfördernden Maßnahmen im Rahmen eines Betrieblichen Gesundheitsmanagements (BGM) finden Sie in Band 5 „Von der Gesundheitsförderung zum Betrieblichen Gesundheitsmanagement" (Erscheinungstermin voraussichtlich Frühjahr 2018) der „Kompaktreihe Gesundheitswissenschaften" (Hogrefe Verlag).

1. Wodurch und in welchen Situationen tritt Stress auf?

Hier sollten die Stressoren aufgeführt werden, die am häufigsten im Betrieb anzutreffen sind. Darüber hinaus sollte genauer beschrieben werden, in welchen Situationen sie auftreten.

2. Wer fühlt sich hiervon gestresst?

Gemeint sind Personengruppen, die bestimmte Aufgaben im Betrieb ausführen. Nicht gemeint sind hier einzelne Personen! (Beachtung von Datenschutz und Antidiskriminierungsrichtlinien!)

3. Wie häufig fühlen sich die Betroffenen gestresst?

Die Angaben dazu, wie häufig die einzelnen Stressoren auftreten, können der Mitarbeiterbefragung zum Thema „Stress“ entnommen werden. Eine Unterteilung kann z. B. folgendermaßen vorgenommen werden: nie, manchmal, häufig, sehr oft, ständig.

4. Wie stark fühlen sich die Betroffenen dadurch belastet?

Auch diese Angaben können der Mitarbeiterbefragung zum Thema „Stress“ entnommen werden. Eine Unterteilung kann z. B. folgendermaßen vorgenommen werden: gar nicht belastet, kaum belastet, etwas belastet, ziemlich belastet und stark belastet.

5. Welche Faktoren sind an der Auslösung des Stresses beteiligt?

Hier werden alle denkbaren Faktoren aufgelistet, die an der Auslösung des Stresses beteiligt sein können. Dabei werden die in Frage 1 genannten Stressoren der Reihe nach betrachtet.

Beispiel
Stressor: häufige Arbeitsunterbrechungen
Faktoren, die hieran beteiligt sein können: Kundenverkehr; E-Mails, die sofort beantwortet werden sollen; Telefonanrufe; Chef möchte seine Aufträge immer bevorzugt durchgeführt haben; aber auch: Notfälle, Lärm, Wettereinflüsse, Konzentrationsstörungen etc.

6. Welche Maßnahmen können den Stress mindern oder beseitigen?

Hier sollten Sie sich im Team zu jedem Stressfaktor jeweils eine Reihe von geeigneten Maßnahmen überlegen.

Beispiel
Maßnahmen zur Vermeidung häufiger Arbeitsunterbrechungen:
A. Feste Zeiten jeweils für Kundenverkehr und für übrige Arbeiten festlegen
B. E-Mails nur einmal pro Tag beantworten, Zeit dafür festlegen
C. Mit Stadtverwaltung/Nachbarn Kontakt wegen Lärm aufnehmen, Lärmschutzmaßnahmen ergreifen etc.

7. Welche Betriebsabteilungen/Arbeitsgruppen/Hierarchieebenen müssten jeweils daran beteiligt werden?

Hier sollten Sie überlegen, welche Gruppen (ggf. auch Einzelpersonen) an der Umsetzung der jeweiligen Maßnahme mit beteiligt sein sollten. An dieser Stelle sollten Sie auch überlegen, welche der genannten Maßnahmen nicht in der betrieblichen Einflusssphäre, sondern z. B. im privaten oder im öffentlichen Bereich umgesetzt werden müssten.

Beispiel

Maßnahme A: „Feste Zeiten jeweils für Kundenverkehr und für übrige Arbeiten festlegen".

Welche Gruppen sind an der Umsetzung dieser Maßnahme beteiligt?

Im Betrieb:

- Abteilung XY, in der die Betroffenen arbeiten
- direkter Vorgesetzter
- Abteilung YZ, die für Arbeitsorganisation zuständig ist
- Abteilung WX, die für Kundenverkehr zuständig ist
- Chef

Außerhalb des Betriebes: Kunden.

8. Welche „Nebenwirkungen" könnten durch das Umsetzen dieser Maßnahmen auftreten?

Meist wird bei der Umsetzung (Implementierung) von Maßnahmen nicht ausreichend bedacht, dass jeder Eingriff in ein Geschehen auch Auswirkungen haben kann, an die ursprünglich nicht gedacht wurde. Ein solcher Eingriff kann also neben der geplanten Wirkung auch „Nebenwirkungen" haben, die unter Umständen den Erfolg der Maßnahme beeinträchtigen können. Es ist deshalb sinnvoll, sich schon frühzeitig mit solchen möglichen „Nebenwirkungen" zu beschäftigen. Sind diese „Nebenwirkungen" eventuell sogar größer als die beabsichtigte Wirkung, kann es durchaus sein, dass man aus diesem Grund von der geplanten Maßnahme Abstand nimmt und einer anderen Maßnahme den Vorzug gibt, die ursprünglich nicht im Fokus der Überlegungen stand.

Beispiel

Maßnahme A: „Feste Zeiten jeweils für Kundenverkehr und für übrige Arbeiten festlegen".

Welche „Nebenwirkungen" können infolge der Umsetzung dieser Maßnahme auftreten?

Sie haben sich für „Feste Zeiten jeweils für Kundenverkehr und für übrige Arbeiten" entschieden, damit Ihr Arbeitsfluss nicht ständig durch Kundenkontakte unterbrochen wird. Eine mögliche „Nebenwirkung" dieser Maßnahme könnte sein, dass nun die Kunden aufgrund der eingeschränkten Kontaktmöglichkeiten wegbleiben. Dies wäre nicht im Sinne des Unternehmens. Sie müssten sich also eine alternative Lösungsmöglichkeit überlegen.

9. + 10. Welche dieser Maßnahmen sind umsetzbar? Welche dieser Maßnahmen würden von den Betroffenen akzeptiert?

Hier sollten Sie in der ersten Spalte (möglichst nach Rücksprache mit den Beteiligten) festhalten, ob Sie die jeweilige Maßnahme für umsetzbar halten (Ja/Nein). In der zweiten Spalte sollte notiert werden, ob die jeweils vorgeschlagene Maßnahme auch von den beteiligten Gruppen akzeptiert würde (Ja/Nein). Auch hier empfiehlt es sich, die jeweils

Beteiligten dazu zu befragen. Falls es eine Zustimmung mit Einschränkungen gibt, sollten diese Einschränkungen ebenfalls notiert werden.

Die Beantwortung dieser Frage ist für die spätere Akzeptanz der stressreduzierenden Maßnahmen im Betrieb von besonderer Bedeutung. Wie bei Frage 7 sollten Sie hier überlegen, welche Gruppen (ggf. auch Einzelpersonen) innerhalb und außerhalb des Betriebes bei der Umsetzung der jeweiligen Maßnahme von Bedeutung sind und deshalb schon in die Planung mit einbezogen werden sollten.

7.2.2 Prioritätensetzung bei der Implementierung von Maßnahmen

Aus dem Maßnahmenplan lässt sich nun ersehen, wo Stress die meisten Probleme macht und welche Maßnahmen mehr oder weniger leicht umsetzbar sind. Für welche Maßnahmen man sich schließlich entscheidet, hängt davon ab, welche **Prioritäten** man setzen möchte.

Möglich wäre z. B. die Setzung folgender Prioritäten:

- Dem Betrieb/den Mitarbeitern ist besonders wichtig, dass die **gravierendsten Stressprobleme** bewältigt werden. In diesem Zusammenhang können z. B. die Stressoren angegangen werden, die besonders häufig vorkommen oder die zu besonders schweren Gesundheitsproblemen führen, sodass daraus viele AU-Fehltage bzw. Frühverrentungen resultieren. In diesem Fall werden zuerst die Maßnahmen umgesetzt, die z. B. die drei wichtigsten Stressoren betreffen. Dies geschieht weitgehend unabhängig davon, wie hoch die Kosten dieser Maßnahmen für den Betrieb sein werden (solange sich diese in dem vorgesehenen Rahmen bewegen).
- Steht für den Betrieb die Kosten/Nutzen-Abwägung im Vordergrund, können auch zuerst die Maßnahmen umgesetzt werden, bei denen ein für den Betrieb ausgesprochen **positives Kosten/Nutzen-Verhältnis** vorherrscht. Maßnahmen, die relativ wenig kosten, aber schon einen gewissen Nutzen erwarten lassen, werden zuerst umgesetzt. Kostenintensive Maßnahmen werden nur dann umgesetzt, wenn sie für den Betrieb auch in finanzieller Hinsicht einen so hohen Nutzen erwarten lassen, dass er zumindest die Kosten deckt. Diese Prioritätensetzung kann natürlich nicht immer im Interesse der betroffenen Mitarbeiter sein.

Idealerweise sollten Maßnahmen des Betrieblichen Gesundheitsmanagements durch eine **Prozessevaluation** sowie eine **Ergebnisevaluation** überprüft und bewertet werden. Aus Kostengründen wird auf Evaluationen in der Regel verzichtet. Allerdings kann zur Wirksamkeit einer Maßnahme nur dann etwas ausgesagt werden, wenn dies im Rahmen einer wissenschaftlich sauber durchgeführten Evaluation überprüft wurde.

Maßnahmen „Stress im Betrieb“

	(1) Stressauslöser	(2) Betroffene	(3) Stresshäufigkeit	(4) Stressstärke	(5) Beteiligte Faktoren
1					
2					

1	(6.1) Maßnahmen im Firmenbereich	(7) Einzubeziehende Firmenebenen/Abteilungen/Interessengruppen etc.	(9) Nebenwirkungen	(8) Maßnahmen umsetzbar?	(10) Maßnahmen werden akzeptiert?
	(6.2) Maßnahmen außerhalb	(7) Einzubeziehende Firmenebenen / Abteilungen / Interessengruppen etc.	(9) Nebenwirkungen	(8) Maßnahmen umsetzbar?	(10) Maßnahmen werden akzeptiert?
2	(6.1) Maßnahmen im Firmenbereich	(7) Einzubeziehende Firmenebenen / Abteilungen / Interessengruppen etc.	(9) Nebenwirkungen	(8) Maßnahmen umsetzbar?	(10) Maßnahmen werden akzeptiert?
	(6.2) Maßnahmen außerhalb	(7) Einzubeziehende Firmenebenen / Abteilungen / Interessengruppen etc.	(9) Nebenwirkungen	(8) Maßnahmen umsetzbar?	(10) Maßnahmen werden akzeptiert?

Abbildung 7-2: Maßnahmenplan „Stress im Betrieb“.

Definitionen „Prozessevaluation" und „Ergebnisevaluation"
Unter einer *Prozessevaluation* versteht man die Beschreibung und Bewertung der Entwicklung und Umsetzung eines Programms oder einer Maßnahme, wobei insbesondere die Stärken und Schwächen analysiert werden.
Als *Ergebnisevaluation* bezeichnet man die Beschreibung und Bewertung der Ergebnisse eines Programms oder einer Maßnahme. Auch dabei werden insbesondere die Stärken und Schwächen analysiert.

Abbildung 7-2 auf S. 90 zeigt ein Formular für den Maßnahmenplan „Stress im Betrieb".

Aufgabe 8

Sie sehen in Abbildung 7-3 ein Diagramm, das Ihnen die Zusammenhänge zwischen verschiedenen schulinternen und externen Belastungsfaktoren, Stress, psychosomatischen Erkrankungen und Frühverrentung bei Lehrern deutlich machen soll.
Ihre Aufgabe ist es, anhand des Maßnahmenplans (s. Abbildung 7-2) zwei geeignete Maßnahmen zu finden, mit deren Hilfe **Stress bei Lehrkräften** verhindert und dadurch psychosomatischen Folgeerkrankungen sowie einer möglichen Frühverrentung vorgebeugt werden kann.
(Bei einigen Unterpunkten wie z. B. „Stressstärke" nehmen Sie bitte Ihre eigenen Erfahrungswerte als Grundlage.)

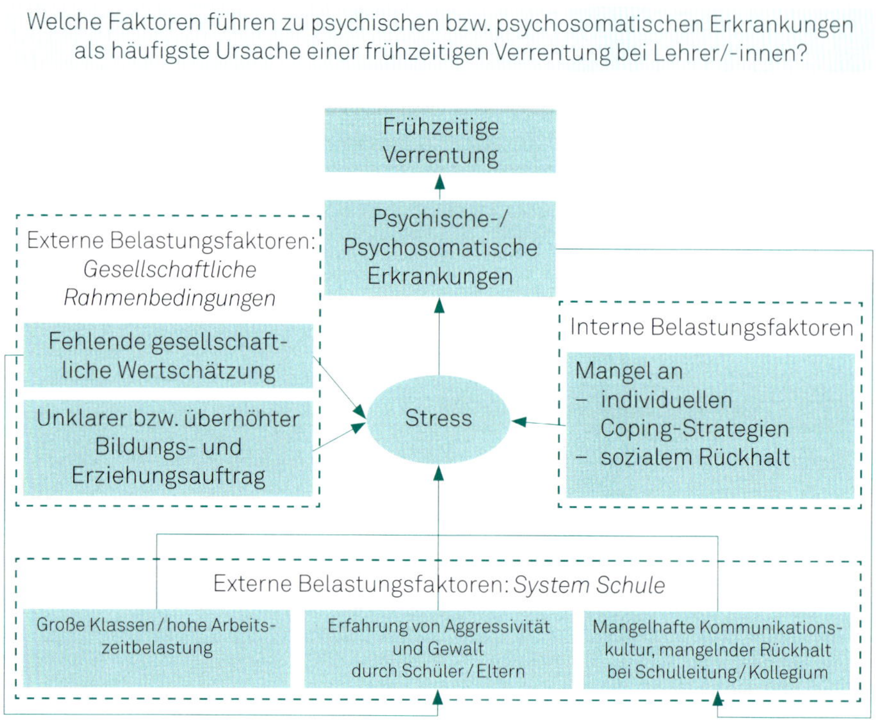

Abbildung 7-3: Faktoren, die zu psychischen bzw. psychosomatischen Erkrankungen führen (häufigste Ursache einer frühzeitigen Verrentung bei Lehrern).

Lösungsvorschläge zu den Aufgaben

8 Lösungsvorschläge zu den Aufgabenstellungen

Im Folgenden finden Sie Lösungsvorschläge für die im Text gestellten Aufgaben. Selbstverständlich können diese Lösungsvorschläge nur Hinweise darauf geben, wie man die Fragen beantworten könnte. Insbesondere bei den Aufgaben, bei denen nach konkreten Beispielen aus Ihrer Erfahrungswelt gefragt wird bzw. die von Ihnen eine (theoretische) Umsetzung eines Lerninhaltes in Ihr persönliches Umfeld erwarten, können die hier genannten Antworten als nur Beispiele verstanden werden, an denen Sie sich orientieren können.

8.1 Antwort zu Aufgabe 1

Aufgabe 1

Machen Sie bitte eine kleine Umfrage an Ihrem Arbeitsplatz bzw. Studienplatz:

- Wie viele Kollegen/Uni-Angehörige fühlen sich gestresst?
- Wie viele Kollegen/Uni-Angehörige fühlen sich heute mehr gestresst als vor drei Jahren?
- Wie hoch ist jeweils der Anteil der gestressten Kollegen/Uni-Angehörigen unter den Frauen bzw. unter den Männern?

Wenn Sie in einer größeren Firma/Institution arbeiten, machen Sie die Umfrage bitte in Ihrer Abteilung. Bei kleinen Firmen/Institutionen befragen Sie die ganze Belegschaft. Studierende befragen die Mit-Studierenden und Lehrenden im gleichen Semester.

In Abbildung 8-1 finden Sie ein Beispiel für einen kleinen Fragebogen, mit dessen Hilfe Sie Ihre Kollegen befragen könnten. Da viele von Ihnen vielleicht keine oder nur wenig Kenntnisse im Bereich der Fragebogenerstellung haben, soll dies ein erstes Beispiel dafür sein, wie man eine solche Umfrage sinnvollerweise gestalten könnte.

Kurzfragebogen zum Thema *Stress*

Herzlichen Dank, dass Sie sich bereit erklärt haben, unseren Kurzfragebogen zum Thema *Stress* auszufüllen. Der Fragebogen enthält insgesamt vier Fragen. Das Ausfüllen des Fragebogens wird nur etwa zwei Minuten dauern. Beantworten Sie bitte alle Fragen.

Kreuzen Sie bitte bei den folgenden Fragen die für Sie zutreffende Antwort an.

1. Ich bin

☐ weiblich ☐ männlich

2. Ich übe folgende Funktion aus:

☐ leitend ☐ nicht leitend

3. Ich fühle mich durch meine Arbeit gestresst.

☐ ja ☐ nein

4. Ich fühle mich durch meine Arbeit heute mehr gestresst als vor drei Jahren.

☐ ja
☐ nein
☐ Ich habe vor drei Jahren noch nicht hier gearbeitet.

Herzlichen Dank, dass Sie diesen Fragebogen ausgefüllt haben!

Abbildung 8-1: Beispiel für einen Kurzfragebogen.

Nachdem Sie die Befragung durchgeführt haben, werden nun die ausgefüllten Kurzfragebogen ausgewertet.

A. Zusammensetzung der befragten Kollegen

Nehmen wir an, an Ihrer Umfrage hätten 36 Kollegen teilgenommen (n = 36). Hiervon waren nach den angekreuzten Antworten auf den Fragebögen 23 weiblich (♀) und 13 männlich (♂). Von den 23 weiblichen Kollegen waren nur 2 in leitender Position, 21 in nicht leitender Stellung. Dagegen arbeiteten 7 der 13 männlichen Kollegen in leitender Position und nur 6 in nicht leitender Stellung.

Tabelle 8-1 und Tabelle 8-2 zeigen die Geschlechterverteilung der Teilnehmer der fiktiven Umfrage und die Verteilung der Art der ausgeübten Funktion.

Tabelle 8-1: Geschlechterverteilung der Teilnehmer

Frauen (♀)	Männer (♂)	gesamt
23 (63,9 %)	13 (36,1 %)	36 (100 %)

Tabelle 8-2: Ausgeübte Funktion der Teilnehmer nach Geschlecht.

leitend		nicht leitend		gesamt
9 (25,0 %)		27 (75,0 %)		36 (100 %)
♀	♂	♀	♂	
2 (22,2 %)	7 (77,8 %)	21 (77,8 %)	6 (22,2 %)	

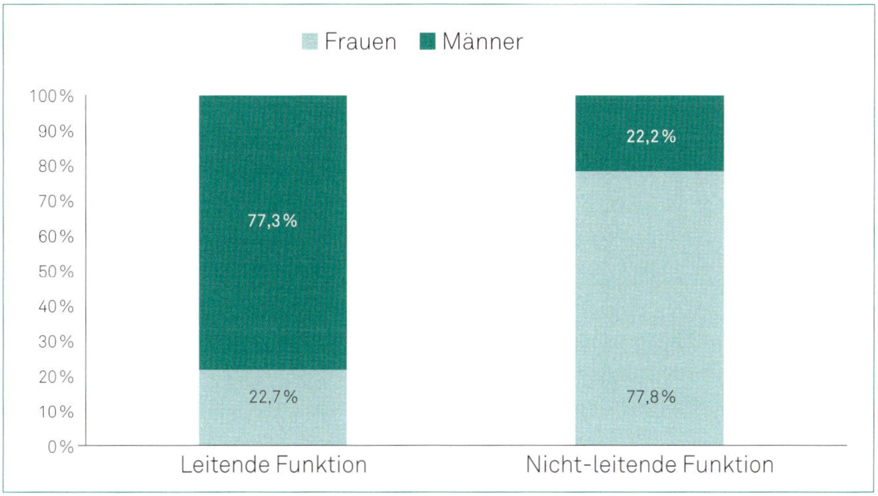

Abbildung 8-2: Verteilung der Teilnehmer nach der Art der ausgeübten Funktion. Die Prozentsätze beziehen sich jeweils auf die Gesamtzahl der Leitungskräfte bzw. der nicht leitenden Kräfte.

Abbildung 8-2 zeigt, dass 22,2% der 9 Leitungskräfte weiblich und 77,8% männlich waren. Genau umgekehrt war es dagegen bei den 27 nicht leitenden Kräften. Hier waren 77,8% weiblich und 22,2% männlich.

B. Antworten der Kollegen zum Thema „Stress“

Von den 36 befragten Kollegen fühlten sich derzeit 25 (= 69,4%) gestresst. Insgesamt 21 (= 58,3%) gaben an, dass sie sich mehr gestresst fühlen als vor drei Jahren. Wir nehmen nun auch noch an, dass sich die befragten Frauen und Männer wie in Tabelle 8-3 dargestellt zu den Fragen geäußert haben.

Tabelle 8-3: Antworten der Kollegen zum Thema „Stress“ nach Geschlechtern.

	Frauen (♀)	Männer (♂)	gesamt
derzeit gestresst	19 (76,0%)	6 (24,0%)	25 (100%)
derzeit mehr gestresst als vor drei Jahren	17 (81,0%)	4 (19,0%)	21 (100%)

Keiner der Befragten gab an, dass er vor drei Jahren noch nicht im Unternehmen tätig war. Diejenigen, die sich derzeit gestresst fühlten, waren somit zu 76,0% weiblich und zu 24,0% männlich. Unter den Teilnehmern, die angaben, dass sie sich derzeit mehr gestresst fühlten als vor drei Jahren, war der Anteil der Frauen mit 81% noch höher (Männer: 19%). Da bei unserer Aufgabenstellung jedoch danach gefragt wurde, wie hoch jeweils der Anteil der Gestressten unter den Frauen bzw. den Männern war, müssen wir diese beiden Gruppen getrennt betrachten. Hierzu wird die Anzahl der gestressten Frauen auf die Gesamtzahl der befragten Frauen und die Anzahl der gestressten Männer auf die Gesamtzahl der befragten Männer bezogen:

(a) Anteil der derzeit Gestressten unter den befragten Frauen: 19/23 = 82,6 %
(b) Anteil der derzeit Gestressten unter den befragten Männern: 6/13 = 46,2 %
(c) Anteil derjenigen, die derzeit mehr gestresst sind als vor drei Jahren, unter den befragten Frauen: 17/23 – 73,9 %
(d) Anteil derjenigen, die derzeit mehr gestresst sind als vor drei Jahren, unter den befragten Männern: 4/13 = 30,8 %

Abbildung 8-3 zeigt, dass sich die befragten Frauen also deutlich häufiger gestresst fühlten als ihre männlichen Kollegen. Fast drei Viertel der Frauen (73,9 %), aber nur weniger als ein Drittel (30,8 %) der Männer waren zum Befragungszeitpunkt mehr gestresst als drei Jahren zuvor.

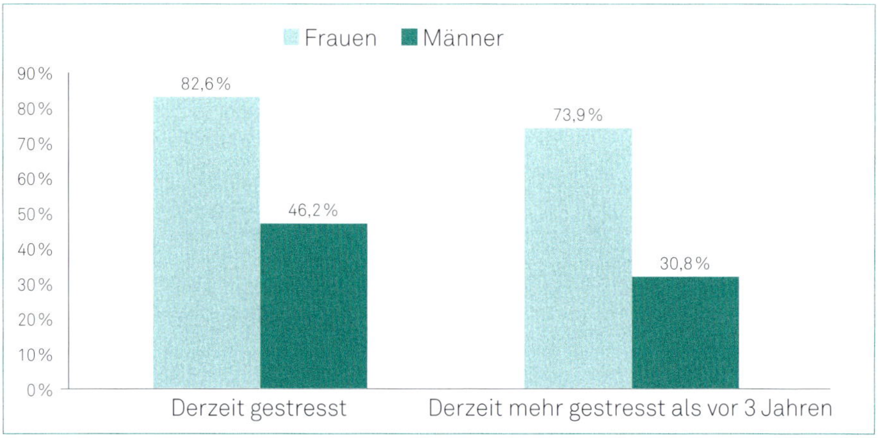

Abbildung 8-3: Die befragten Frauen fühlten sich deutlich häufiger gestresst als ihre männlichen Kollegen.

Um herauszufinden, woran dies liegen könnte, schauen wir uns an, wie hoch der jeweilige Prozentsatz unter den leitenden und unter den nicht leitenden Kollegen ist (Tabelle 8-4).

Tabelle 8-4: Antworten der Kollegen zum Thema „Stress“ nach der Art ihrer Funktion.

	leitend	nicht leitend	gesamt
derzeit gestresst	4 (16,0 %)	21 (84,0 %)	25 (100 %)
derzeit mehr gestresst als vor drei Jahren	3 (14,3 %)	18 (85,7 %)	21 (100 %)

Leitungskräfte sind also mit 16,0 % derzeit deutlich seltener gestresst als ihre nicht leitenden Kollegen (84,0 %). Auch sagt nur ein sehr geringer Prozentsatz der Leitungskräfte (14,3 %), dass er heute mehr gestresst ist als vor drei Jahren. Um nun herauszufinden, ob unter den gestressten Leitungskräften z. B. mehr Frauen als Männer sind, müssen jeweils die Befragten mit und die Befragten ohne Leitungsfunktion noch einmal nach ihrem Geschlecht unterteilt werden (Tabelle 8-5).

Tabelle 8-5: Antworten der Kollegen zum Thema „Stress" nach der Art ihrer Funktion und dem Geschlecht.

	leitend		nicht leitend		gesamt
	♀	♂	♀	♂	
derzeit gestresst	2 (100,0 %)	0 (0,0 %)	17 (73,9 %)	6 (26,1 %)	25 (100 %)
derzeit mehr gestresst als vor drei Jahren	2 (100,0 %)	0 (0,0 %)	15 (78,9 %)	4 (22,1 %)	21 (100 %)

Es scheint also so zu sein, dass sich die Männer in leitender Funktion überhaupt nicht gestresst fühlten, jedoch alle Frauen, die eine Leitungsfunktion innehatten. Dagegen fühlten sich mehr als ein Viertel (26,1 %) den Männern in nicht leitender Position gestresst, bei mehr als einem Fünftel (21,1 %) der nicht leitenden Männer hatte der Stress in den drei Jahren zuvor zugenommen. Erheblich höher war der Anteil der Gestressten allerdings bei den nicht leitenden Frauen (73,9 %). Deutlich mehr als drei Viertel (78,9 %) der Frauen ohne Leitungsfunktion gaben sogar an, dass der Stress in den drei Jahren zuvor zugenommen hatte.

Bedeuten unsere (fiktiven) Ergebnisse nun, dass die hier befragten Frauen grundsätzlich sensibler auf Stress reagieren oder dass sie einfach weniger leistungsfähig und deshalb häufiger gestresst sind?

Das können wir mit den hier angenommenen Daten nicht nachweisen. Außer dem Geschlecht und der Funktionsebene im Betrieb könnten noch viele andere Faktoren Einfluss darauf haben, dass sich die Befragten gestresst fühlten bzw. dass sie sich mehr gestresst fühlten als drei Jahre zuvor. Denkbare Einflussfaktoren wären hier zum Beispiel das Alter der Befragten, die Art der Arbeit (eintönige Arbeit, Arbeiten unter Zeitdruck, Schichtarbeit), Probleme mit Vorgesetzten, Mehrfachbelastung durch Familie oder Angehörigenbetreuung etc. All diese Faktoren könnten zudem möglicherweise bei Männern und Frauen unterschiedlich verteilt sein.

Bitte denken Sie auch daran, dass die hier vorgestellten Ergebnisse auf der Basis unserer angenommenen Daten nur Aussagen über die Gruppe der Befragungs-Teilnehmer machen können. Es können keine Aussagen darüber gemacht werden, wie viele Beschäftigte der (fiktiven) Firma sich *insgesamt* gestresst fühlten. Auch die anderen Aussagen können nicht verallgemeinert und jeweils auf die *Gesamtheit* der in der Firma beschäftigten Frauen oder Männer bzw. auf die *Gesamtheit* der leitenden und nicht leitenden Angestellten übertragen werden. Dies wäre nur dann korrekt, wenn 100 % der Beschäftigten der Firma an der Befragung teilgenommen hätten. Allerdings: Je mehr Beschäftigte den Fragebogen ausgefüllt haben (d. h. je höher der Prozentsatz der Beschäftigten war, der an der Befragung teilgenommen hat), desto höher ist die Wahrscheinlichkeit, dass die Aussagen auch auf die Gesamtheit der Beschäftigten zutreffen.

8.2 Antwort zu Aufgabe 2

Aufgabe 2

Sie haben sich beim Durcharbeiten dieses Kapitels vorgestellt, dass Sie einem Tiger direkt gegenüber stehen. Schildern Sie die biologischen Abläufe in Ihrem Körper als Folge dieser Stresssituation.

Die Informationen darüber, dass ein Tiger vor Ihnen steht, wird von Ihren Sinnesorganen (v.a. Auge, Ohr) zum Großhirn und zum limbischen System geleitet. Dort findet – unter Einbeziehung vieler anderer Hirnteile – eine grundsätzliche Bewertung der Situation statt, wobei das limbische System v.a. die gefühlsmäßigen Anteile hinzufügt. Wenn Sie – was sehr wahrscheinlich ist – die Situation als Stresssituation einordnen, senden Ihr Großhirn und Ihr limbisches System Signale an den Hypothalamus, der dann das sympathische Nervensystem aktiviert. Dieser Vorgang setzt die **Sympathikus-Nebennierenmark-Achse** (SNN-Achse) in Gang. Die Aktivierung des sympathischen Nervensystems führt dazu, dass Ihr Körper in Handlungsbereitschaft versetzt wird. Ihre Pupillen und Ihre Bronchien erweitern sich, Sie nehmen mehr Sauerstoff in den Körper auf, Ihre Herzschlagfrequenz erhöht sich, als schnell verfügbare Energiequelle wird vermehrt Zucker an das Blut abgegeben. Derzeit nicht benötigte Funktionen (Verdauung, Sexualität) werden gehemmt. Die Wirkung des Sympathikus wird über die Aktivierung des Nebennierenmarks (NNM) noch verstärkt. Adrenalin und Noradrenalin wirken dabei gleichzeitig als Hormone, die über das Blutgefäßsystem in Ihrem Körper verteilt werden, und als Neurotransmitter (Nervenüberträgerstoffe), die Informationen innerhalb des Nervensystems weiterleiten. Auf diese Weise wird z.B. der Abbau von Glykogen (= Speicherform der Kohlenhydrate im menschlichen Körper) in Ihren Muskeln und in Ihrer Leber gefördert. Zusätzlich werden Fettsäuren aus dem Fettgewebe freisetzt, die Ihnen nun als zusätzliche Energielieferanten zur Verfügung stehen. Ihre Herzleistung wird gesteigert, Ihre Muskeln werden vermehrt mit Blut versorgt, die Blutversorgung in Ihren Eingeweiden wird gedrosselt.

Wenn die Gefahr durch den Tiger nicht bald wieder verschwindet, werden in Ihrem Hypothalamus **Releasing-Hormone** freigesetzt, die die Stressreaktion mithilfe der **Hypothalamus-Hypophysen-Nebennierenrinden-Achse** (HHN-Achse) intensivieren und ausweiten. Sie veranlassen, dass Ihre Hirnanhangdrüse (Hypophyse) weitere Hormone wie das **ACTH** (adrenokortikotropes Hormon) freisetzt. Das oft als Stresshormon bezeichnete ACTH setzt seinerseits in Ihren Nebennierenrinden (NNR) **Glukokortikoide** frei. Zu dieser Gruppe der NNR-Hormone gehört z.B. das **Kortisol.** Glukokortikoide können den Stoffwechsel, den Wasser- und Elektrolythaushalt, das Herz-Kreislauf-System und das Nervensystem beeinflussen. Sie wirken auch entzündungshemmend und unterdrücken die Immunreaktion in Ihrem Körper. Viele der Kortisol-Wirkungen führen dazu, dass sich Ihr Organismus an die akute Stresssituation anpassen kann. Parallel dazu bewirkt die Freisetzung eines anderen Hypophysenhormons (TSH = Thyreotropin), dass in Ihrem Körper vermehrt **Schilddrüsenhormone** freigesetzt werden. Dies führt längerfristig zu einer Steigerung des gesamten Stoffwechsels in Ihrem Körper (Grundumsatz ↑)

und zu einem Anstieg der Körpertemperatur. Darüber hinaus stimuliert dies wiederum den Sympathikus (s. SNN-Achse).

Erst dann, wenn die Gefahr Ihrer Ansicht nach vorbei ist oder wenn sich Ihr Körper an die Stresssituation angepasst hat, wird eine Umkehr der Vorgänge eingeleitet. Die Ausschüttung der Hypothalamus- und Hypophysen-Hormone wird im Rahmen einer sogenannten negativen Feedback-Schleife wieder gebremst. Dadurch wird auch die Produktion von Glukokortikoiden und von Schilddrüsenhormonen wieder reduziert. Die Stressreaktion in Ihrem Körper wird gestoppt.

Wenn die Stresssituation jedoch andauert (chronische Belastung), werden oftmals relativ große Mengen an „Stresshormonen" über einen längeren Zeitraum ausgeschüttet. Die Folgen sind Störungen v.a. im Bereich des Herz-Kreislauf-Systems, des Stoffwechsels und der Immunabwehr. Auch Lern- und Gedächtnisstörungen sowie depressive Verstimmungen können auftreten.

8.3 Antwort zu Aufgabe 3

Aufgabe 3

Während Ihrer Arbeit werden Sie seit einiger Zeit ständig durch neu eintreffende E-Mails gestört. Ihr Vorgesetzter bzw. Ihre Mit-Studierenden und Professoren gehen davon aus, dass Sie diese E-Mails zeitnah beantworten. Ihnen bereiten die ständigen Unterbrechungen ihrer Tätigkeit jedoch großen Stress.
Bitte beschreiben Sie die Abläufe im Zusammenhang mit dieser Stresssituation anhand des transaktionalen Stressbewältigungsmodells nach *Lazarus*!

Schilderung der Abläufe im Zusammenhang mit der Stresssituation „Störung durch ständig neu eintreffende E-Mails" anhand des **transaktionalen Stressbewältigungsmodells** nach *Lazarus:*

Primäre Bewertung

Im Rahmen der primären Bewertung nehmen Sie eine Einschätzung des Stresszustands vor, der durch die ständig neu eintreffenden E-Mails bei Ihnen ausgelöst wurde. Dabei erkennen Sie die Situation zuerst einmal als solche und bewerten sie dann für sich als „herausfordernd und gefährlich", da Ihnen bewusst ist, dass diese Situation bei Ihnen – dann, wenn sie länger andauert – infolge des hierdurch ausgelösten chronischen Stresses zu gesundheitlichen Beeinträchtigungen führen kann.

Sekundäre Bewertung

Im nächsten Schritt schätzen Sie Ihre persönlichen Bewältigungsmöglichkeiten ein. Sie überlegen, ob Ihnen die entsprechenden Ressourcen zur Verfügung stehen, mit deren Hilfe Sie den Stressor (d.h. die ständige Arbeitsunterbrechung durch E-Mails) bewältigen können. Ihnen ist klar, dass Ihnen die benötigten Ressourcen derzeit nicht oder nicht in ausreichendem Maße zur Verfügung stehen, sonst würde Ihnen die Situation nicht großen Stress bereiten.

Coping
Daher sollten nun Coping-Maßnahmen eingeleitet werden, um die Situation zu bewältigen. Sie halten es nicht für sinnvoll, sich der Situation durch Flucht zu entziehen, sie durch aggressives Verhalten ändern zu wollen oder sie zu verleugnen. Die richtigen Maßnahmen liegen Ihrer Ansicht nach darin zu versuchen, die stressverursachenden Bedingungen zu verändern und ggf. auch ihr Verhalten in solchen Stresssituationen zu ändern. Sie vereinbaren daher ein Gespräch mit Ihrem Vorgesetzen, in dem Sie ihm die Situation schildern. Dabei erklären Sie ihm, dass Ihre Arbeitsleistung deutlich besser sein könnte, wenn Sie nicht ständig durch neue Aufträge (die Sie in Form von E-Mails erreichen) gestört würden. Sinnvoller wäre es Ihrer Ansicht nach, wenn Sie die Ihnen aufgetragenen Arbeiten der Reihe nach erledigen könnten. Sie schlagen ihm vor, feste Zeiten zu vereinbaren, an denen Sie nach Ihren E-Mails schauen und sie beantworten (z. B. 2-mal pro Tag, jeweils 20 Minuten). Sollte es in Ausnahmefällen sehr dringende Fragen geben, die sofort beantwortet werden müssen, könnte dies per Telefon geschehen. Auch möchten Sie Ihr Verhalten dahingehend ändern, dass Sie sich bemühen, sich an diesen Vorschlag zu halten. Sie werden sowohl geschäftliche als auch private E-Mails während der Geschäftszeiten nur noch 2-mal pro Tag durchsehen.

Neubewertung
Ihr Chef reagiert überraschend positiv auf Ihren Vorschlag. Auch einige Ihrer Kollegen schließen sich an. Obwohl es Ihnen selbst zuerst gar nicht leicht fällt, können Sie Ihren Vorschlag in den nächsten Wochen recht konsequent umsetzen. Sie bemerken schon bald, dass es für Sie deutlich weniger stresserzeugende Situationen während der Arbeitszeit gibt und dass Sie sich damit auch erheblich besser fühlen als zuvor. Sie lernen dadurch für ähnliche Situationen, dass es oftmals gar nicht so schwierig ist, eine erfolgversprechende Bewältigungsstrategie auszuwählen und umzusetzen.

8.4 Antwort zu Aufgabe 4

8.4.1 Antwort zu Aufgabe 4.1

Aufgabe 4.1

Was bereitet Ihnen Stress (z. B. im familiären und im beruflichen Bereich)? Ordnen Sie die gefundenen Stressoren bitte in die im Kapitel genannten Kategorien (Zivilisationsstressoren, Stressoren im Zusammenhang mit Familie/familiären Bindungen, physikalische Stressoren etc.) ein.

Da die Antworten auf diese Aufgabe individuell sehr unterschiedlich ausfallen werden, können hier nur einige Beispiele dafür genannt werden, was ihnen u. a. im familiären und im beruflichen Bereich Stress bereiten könnte:

- **Stressoren im Zusammenhang mit Familie/familiären Bindungen:**
  - Mehrfachbelastung durch Beruf, Kinderbetreuung und Unterstützung der alten Eltern

  - häufiger Streit zwischen den Kindern
  - zu hohe Ansprüche der Kinder und zu wenig Geld, um diese Ansprüche zu erfüllen
  - zu wenig Rückhalt in der Verwandtschaft
- **Stressoren im Zusammenhang mit der Arbeit:**
  - zu hoher Zeitdruck
  - zu geringe Bezahlung
  - Unterforderung bei der Arbeit
- **Stressoren aufgrund von Gewalt, Naturkatastrophen, Unfällen:** Angst aufgrund allgemeiner Terrorgefahr
- **Zivilisationsstressoren:**
  - Belastung durch Verkehrslärm in der Wohnung (Autoverkehr, Straßenbahnen; Tag und Nacht)
  - Helligkeit in der Umgebung (Innenstadt; z.B. durch Leuchtreklamen und Straßenbeleuchtung; Tag und Nacht)
- **Physikalische Stressoren:**
  - siehe Zivilisationsstressoren
  - schlechte Isolierung der Wohnung, dadurch Hitze im Sommer und Kälte im Winter

8.4.2 Antwort zu Aufgabe 4.2

Aufgabe 4.2

Befragen Sie Ihre Kollegen in Ihrem beruflichen Umfeld oder Ihre Mit-Studierenden, welche Faktoren sie im Zusammenhang mit ihrer Arbeit oder ihrem Studium als stressauslösend empfinden? Ordnen Sie diese Stressauslöser den vier Kategorien (Arbeitsaufgabe, soziale Faktoren, organisatorische Faktoren und physikalische Faktoren) zu, die im Arbeitsbereich eine Rolle spielen können!

Auch hier können die Antworten individuell sehr unterschiedlich ausfallen, sodass nur einige Beispiele dafür genannt werden, welche Faktoren Ihre Kollegen oder Ihre Mit-Studierenden im Zusammenhang mit ihrer Arbeit/ihrem Studium als stressauslösend empfinden könnten:

- **Arbeitsaufgabe:**
  - Einführung eines neuen Software-Programms
  - zu hoher Termindruck
  - keine klaren Arbeitsanweisungen
- **Soziale Faktoren:**
  - Probleme mit dem direkten Vorgesetzten
  - Mobbing durch einen Kollegen
- **Organisatorische Faktoren:**
  - ständige Unterbrechung durch eingehende E-Mails
  - häufige Überstunden

- **Physikalische Faktoren:**
  - Lärm im Großraumbüro
  - schlecht eingestellte Klimaanlage, keine Möglichkeit zu lüften

8.4.3 Antwort zu Aufgabe 4.3

Aufgabe 4.3

Schauen Sie sich bitte die Abbildung 3-4 zum Anforderungs-Ressourcen-Modell nach *Becker* (1994) an. Hierbei handelt es sich um eine Weiterentwicklung des Transaktionalen Stressbewältigungsmodells nach *Lazarus* (s. Kap. 2.2). Versuchen Sie kurz (1 Seite) zu beschreiben, was die Abbildung darstellen soll (recherchieren Sie die Ihnen unbekannten Begriffe über Wikipedia).

Das **Anforderungs-Ressourcen-Modell** nach *Becker* ist ein Stressbewältigungsmodell, das auf dem Transaktionalen Stressbewältigungsmodell nach *Lazarus* basiert. Es betrachtet zuerst die **Anforderungen,** die von innen und außen auf den Menschen einwirken. Genannt sind in der Abbildung als Beispiele hierfür Leistungen (z. B. in Form von Leistungsdruck, Leistungserwartungen), Konflikte und Verluste. Aber auch beispielsweise Lärm und Schadstoffe sind Dinge, die auf uns einwirken und in diesem Zusammenhang als Anforderungen verstanden werden können. Auf der anderen Seite sieht das Modell die internen und externen **Ressourcen,** die dem Menschen zu diesem Zeitpunkt zur Verfügung stehen. Genannt sind hier Einkommen, Bildung und (soziale oder berufli-

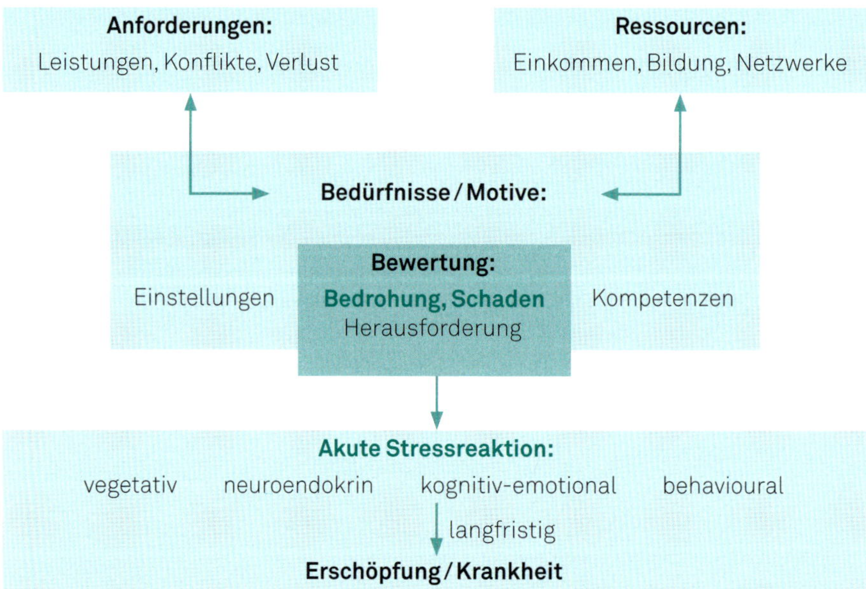

Abbildung 8-4: Anforderungs-Ressourcen-Modell nach *Becker* (1992).

che) Netzwerke. Andere Ressourcen wären z.B. ein gesundes Arbeitsklima, soziale Unterstützung, ein hohes Ausmaß an Resilienz, hohe körperliche Leistungsfähigkeit etc. Dies alles könnte dem betrachteten Menschen zur Bewältigung der an ihn gestellten Anforderungen zur Verfügung stehen. Bei dem Versuch, die Anforderungen mithilfe der vorhandenen Ressourcen zu bewältigen, spielen die Bedürfnisse und Motive des betroffenen Menschen eine große Rolle, aber auch seine Einstellungen und seine Kompetenzen, die es ihm erlauben, mit entsprechenden Anforderungen umzugehen.

Becker geht dabei davon aus, dass Menschen, die er als „seelisch gesund" bezeichnet, eher dazu in der Lage sind, die an sie gestellten externen und internen Anforderungen zu bewältigen. Je nachdem, ob dem Menschen ausreichend Ressourcen zur Bewältigung der Anforderungen zur Verfügung stehen oder nicht, empfindet er diese Anforderungen als Bedrohung bzw. Schaden oder als zu meisternde Herausforderung. An dieser Stelle spielen somit Emotionen eine große Rolle. Können die Anforderungen nach Ansicht des Betroffenen nicht bewältigt werden, kommt es zu einer akuten Stressreaktion. Diese hat vegetative (= das Eingeweidenervensystem betreffende), neuroendokrine (= das zentrale Nervensystem und das Hormonsystem betreffende), kognitiv-emotionale (= das Denken und die Gefühle betreffende) und behaviorale (= das Verhalten betreffende) Auswirkungen (s. Kap. 2.1). Bestehen diese Auswirkungen über einen längeren Zeitraum, kann es zu Erschöpfungszuständen und Stress-Folgeerkrankungen kommen (s. Kap. 4).

8.5 Antwort zu Aufgabe 5

8.5.1 Antwort zu Aufgabe 5.1

Aufgabe 5.1

Welche stresserzeugenden, potenziell krank machenden Merkmale (vgl. Box 6 in Kap. 4.4) können Sie in Ihrem beruflichen Umfeld (Ihrer Abteilung oder Ihrer Firma/Ihrer Institution) bzw. Ihrem Hochschulumfeld identifizieren? Erstellen Sie bitte eine Liste!

In der folgenden Liste finden Sie einige Beispiele für Merkmale im beruflichen Umfeld, die Stress erzeugen und möglicherweise krank machen können. Die genannten Beispiele treffen häufig auf Arbeitsplätze im Bereich der Pflege und Betreuung von kranken, alten und behinderten Menschen zu.

Stresserzeugende Merkmale im beruflichen Umfeld:

- Teamkonflikte
- Fehlen von Fairness
- Mangel an sozialer Unterstützung
- geringe Mitbestimmungsmöglichkeiten
- wenig Anerkennung
- entgrenzte Tätigkeit (Auflösung der Grenzen zwischen Erwerbsarbeit und Privatleben z.B. in dem Sinne, dass sich die Beschäftigten in hohem Maße verantwortlich

für die zu betreuenden und zu pflegenden Menschen fühlen und zu Hause nicht „abschalten" können)

- Überbelastung

8.5.2 Antwort zu Aufgabe 5.2

Aufgabe 5.2

Befragen Sie in einem zweiten Schritt Ihre Kollegen bzw. Mit-Studierenden, welche dieser Merkmale die Kollegen bzw. Mit-Studierenden ebenfalls als potenziell krank machend empfinden. Notieren Sie bitte in einer Tabelle, welche Merkmale wie häufig genannt wurden! Bitten Sie Ihre Kollegen bzw. Mit-Studierenden, die Liste ggf. noch um weitere Merkmale zu ergänzen.

Wir nehmen nun an, dass Sie hierzu 27 Kollegen im Bereich der Altenpflege befragt haben (daher: n = 27). Die Kollegen gaben die folgenden Merkmale in der genannten Häufigkeit an (s. Tabelle 8-6).

Tabelle 8-6: Ergebnisse einer fiktiven Befragung zu potenziell krank machenden Merkmalen.

	Häufigkeit der Nennungen	Prozentsatz der Nennungen
Wochenendarbeit	27	100,0 %
Überbelastung	26	96,3 %
Schichtarbeit	24	88,9 %
wenig Anerkennung	24	88,9 %
entgrenzte Tätigkeit	22	81,5 %
Teamkonflikte	19	70,4 %
Kinder zu Hause	18	66,7 %
viel Eigenverantwortung	14	51,9 %
geringe Mitbestimmungsmöglichkeiten	12	44,4 %
Fehlen von Fairness	8	29,6 %
Mangel an sozialer Unterstützung	6	22,2 %

Die Ergebnisse aus Tabelle 8-6 lassen sich grafisch darstellen (s. Abbildung 8-5).
Die von den Kollegen genannten Zahlen geben Ihnen Aufschluss darüber, wie häufig die angeführten potenziell krank machenden Merkmale an diesem fiktiven Arbeitsplatz in der Altenpflege vorkommen. Sie sagen jedoch nichts darüber aus, wie diese potenziell stressauslösenden Merkmale von den einzelnen Personen gewichtet und mit welcher Intensität sie von ihnen jeweils wahrgenommen werden.

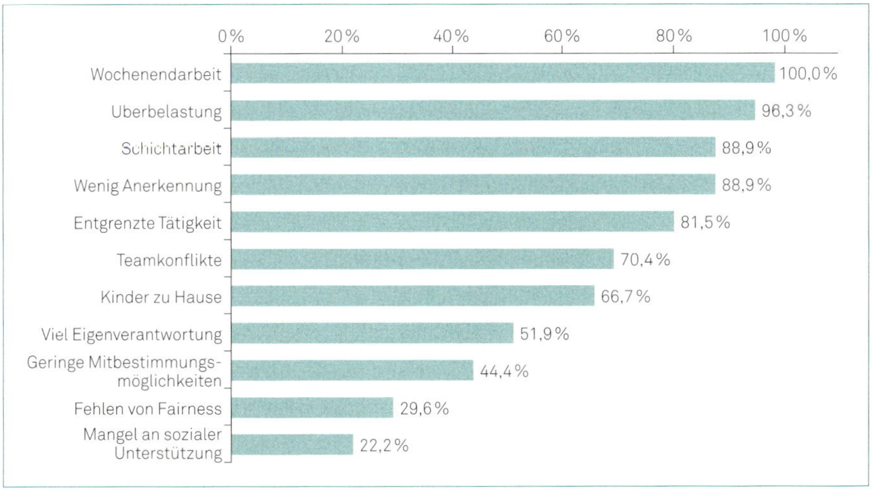

Abbildung 8-5: Prozentuale Verteilung der in der fiktiven Befragung genannten potenziell krank machenden Merkmale.

8.5.3 Antwort zu Aufgabe 5.3

Aufgabe 5.3

Entwerfen Sie bitte einen einseitigen Flyer, auf dem Sie den Kollegen in Ihrer Firma bzw. Ihren Mit-Studierenden die wichtigsten Stressfolgeerkrankungen kurz vorstellen.

Der Flyer für Ihren Kollegen bzw. Mit-Studierenden sollte die wichtigsten Erkrankungen und Störungen enthalten, die als Folge von chronischem Stress auftreten können. Es ist hier *nicht* Ihre Aufgabe, ausführlich darauf einzugehen, was Stress ist, wie er entsteht und welche körperlichen und psychischen Symptome mit Stress einhergehen. Beschränken Sie sich daher darauf, kurz zu erläutern, in welchen Bereichen (körperlich/psychisch) es zu Stressfolgeerkrankungen kommen kann, und nennen Sie die wichtigsten Erkrankungen in diesen Bereichen. Ein Beispiel für einen solchen Flyer sehen Sie in Abbildung 8-6.

Zur Technik: Wie Sie einen professionellen Flyer in Word erstellen können, sehen Sie z. B. im Youtube-Video „Flyer selber machen in Word“, s. Linkverzeichnis [26] in Kap. 11.

Stress und seine Folgen

Stressreaktionen unseres Körpers können kurzfristig sehr sinnvoll sein. Wenn sie jedoch lange andauern, kann es zu schwerwiegenden Folgen kommen, die dann über kurz oder lang zu Stressfolgeerkrankungen führen können.

Stress betrifft den ganzen Menschen. Daher können Stressfolgeerkrankungen sowohl im körperlichen als auch im psychischen (seelischen) Bereich auftreten.

Zu *körperlichen Stressfolgeerkrankungen* kommt es vor allem in folgenden Bereichen:

- Herz-Kreislauf-System
- Stoffwechsel
- Immunsystem
- Verdauung
- Muskulatur
- Sexualität
- Schmerz

Wenn das *Herz-Kreislauf-System* betroffen ist, können Bluthochdruck, Herzinfarkt oder Schlaganfall auftreten.

Chronischer Stress kann über eine Erhöhung des Blutzuckerspiegels zu einer *Zuckerstoffwechsel-Erkrankung* (Diabetes mellitus) führen. Auch der *Fettstoffwechsel* kann bei Stress betroffen sein.

Länger andauernder Stress führt oft zu einer vermehrten Infektanfälligkeit. Ursache ist eine Beeinträchtigung des *Immunsystems*. Auch Allergien und Autoimmunerkrankungen können häufiger auftreten. Sogar Tumorzellen können sich dadurch leichter ausbreiten.

Darüber hinaus kann es zu Störungen der Verdauung, zu Magen-Darm-Geschwüren, zu Kopf- und Rückenschmerzen, zu einer geringeren Schmerztoleranz und zu Störungen im Sexualsystem und bei der Fortpflanzung kommen.

Chronischer Stress beeinflusst sogar unsere Lebenserwartung und kann Auswirkungen auf unsere Nachkommen haben!

Stress kann jedoch auch zu psychischen Störungen führen. Die Betroffenen klagen oftmals über:

- Müdigkeit
- Antriebslosigkeit
- Depressive Verstimmung

Dauert der Stress über einen langen Zeitraum an, kann es schließlich zu einem *Burnout-Syndrom* kommen. Es ist gekennzeichnet durch:

- *Körperliche Erschöpfung:* Diese zeigt sich vor allem durch Energiemangel, chronische Müdigkeit, Schwächegefühl und psychosomatische Symptome wie Kopf- oder Magenschmerzen
- *Emotionale Erschöpfung:* Typische Symptome hierfür sind Niedergeschlagenheit, Hoffnungslosigkeit, Ausweglosigkeitk, Gefühl der inneren Leere, Reizbarkeit, Schuldzuweisungen
- *Mentale Erschöpfung:* Zeichen hierfür ist ein Abbau der geistigen Leistungsfähigkeit und der Kreativität. Weitere Anzeichen sind das Gefühl der Sinnlosigkeit, existentielle Verzweiflung, Zynismus und eine negative Einstellung zum Leben
- *Soziale Erschöpfung:* Hierzu gehören der Verlust des Interesses an anderen Menschen, der soziale Rückzug und der Empathie-Verlust.

Abbildung 8-6: Flyer „Stress und seine Folgen".

8.6 Antwort zu Aufgabe 6

Aufgabe 6

Ermitteln Sie bitte, ob es in Ihrer Firma/Ihrer Institution/Ihrer Hochschule Zahlenmaterial zu den Kosten gibt, die durch stressbedingte Erkrankungen der Mitarbeiter entstanden sind.

- Wenn ja: Erstellen Sie bitte eine Übersicht über diese Kosten.
- Wenn nein: Untersuchen Sie bitte, ob es in Ihrer Firma/Institution/Ihrer Hochschule Zahlen gibt, die man zur Berechnung dieser Kosten heranziehen könnte, und erstellen Sie hierzu eine Übersicht.

Es ist nicht so einfach, die Kosten zu ermitteln, die durch stressbedingte Krankheiten in einem Betrieb anfallen können. Aussagen hierüber können u.a. die folgenden Zahlen machen:

- Zahl der Arbeitsunfähigkeits-Fälle (AU-Fälle) aufgrund von psychischen Störungen und Nervenerkrankungen

→ Für den Betrieb kommt es dadurch zu einem Ausfall der Arbeitskraft. Er muss maximal sechs Wochen Lohnfortzahlung im Krankheitsfall leisten[22] und die Kosten für eine Ersatzkraft tragen.

- Zahl der Langzeitarbeitsunfähigkeits-Fälle (Langzeit-AU-Fälle) aufgrund von psychischen Störungen und Nervenerkrankungen
  → Für den Betrieb kommt es dadurch zu einem längerfristigen Ausfall der Arbeitskraft. Er muss die Kosten für eine Ersatzkraft tragen.
- Zahl der Frühverrentungen aufgrund von psychischen Störungen und Nervenerkrankungen
  → Der Betrieb muss die Folgen des frühzeitigen Verlustes der Arbeitskraft tragen. Er verliert möglicherweise eine qualifizierte Kraft. Ein adäquater Ersatz muss beschafft werden, eventuell muss ein Nachfolger erst ausgebildet bzw. qualifiziert werden. Auch hierfür muss er die Kosten tragen.

Hierbei ist zu berücksichtigen, dass insbesondere die kleineren und mittleren Betriebe aus Datenschutzgründen von den Versicherungen keine Auskunft darüber erhalten, was der jeweilige Grund für eine (Langzeit-) Arbeitsunfähigkeit war. Daher können Sie nicht differenzieren, welche der eingehenden AU-Meldung nun aufgrund einer psychischen Störung oder Nervenerkrankung erfolgte. Darüber hinaus sollten Sie berücksichtigen, dass sich Stressfolgeerkrankungen auch mit körperlichen Symptomen äußern können, sodass bei Stressfolgeerkrankungen auch andere Krankschreibungsgründe (z. B. Muskel-Skelett-Erkrankungen, Herz-Kreislauf-Erkrankungen) angeführt sein können.

Die oben genannten Punkte berücksichtigen nicht, dass auch dann Stresskosten anfallen, wenn die betroffenen Mitarbeiter nicht krankgeschrieben sind. Dies sind z. B. Kosten infolge einer verringerten Arbeitsqualität, einer erhöhten Fehleranfälligkeit, infolge von Unfällen etc. Diese Kosten könnten z. B. über die Ausschussquote, die Zahl der in einem Zeitraum gemeldeten Fehler oder Beschwerden sowie über die Zahl der in einem Zeitraum gemeldeten Unfälle ermittelt werden.

Ein weiterer Ansatzpunkt zur Ermittlung der Stressfolgekosten für einen Betrieb könnte die Zahl der Todesfälle, insbesondere die der Suizide sein.

22 Dies gilt für Deutschland. In Österreich hängt die Dauer der Lohnfortzahlung im Krankheitsfall von der Dauer der Betriebszugehörigkeit ab, sie ist bei Arbeitern und Angestellten verschieden. In der Schweiz richtet sich die Dauer der Lohnfortzahlung nach dem jeweiligen Dienstjahr und nach der Region. Wenn nicht anders festgelegt, beträgt die Höhe der Lohnfortzahlung 80 % des Lohnes.

8.7 Antwort zu Aufgabe 7

8.7.1 Antwort zu Aufgabe 7.1

Aufgabe 7.1

Tabelle 6-1 gibt die Stressursachen aus Abbildung 3-1 wieder. Die Tabelle ist noch unvollständig. Sie sehen, dass zu den Stressursachen „Lärm" und „Hitze" bereits verhältnispräventive und verhaltenspräventive Maßnahmen genannt wurden. Bitte füllen Sie die Tabelle weiter aus, d.h. ergänzen Sie zu den dort genannten Stressursachen die passenden Maßnahmen der Verhältnis- und der Verhaltensprävention.

Beispiele für verschiedene verhältnis- und verhaltenspräventive Maßnahmen im Zusammenhang mit den genannten Stresssituationen sind in Tabelle 8-7 genannt.

Tabelle 8-7: Stressursachen und geeignete verhältnispräventive und verhaltenspräventive Maßnahmen.

Stressursachen	verhältnispräventive Maßnahmen	verhaltenspräventive Maßnahmen
Lärm	Lärm vermeiden durch geräuscharme Geräte, Lärmschutzwände, Mehrfachverglasung in Gebäuden, Ausweisung von Wohngebieten und Gewerbegebieten, gesetzlich festgelegte Öffnungszeiten für Gaststätten	Lärmschutz tragen (z.B. Ohrstöpsel), sich in lärmarmen Bereichen aufhalten
Hitze	Klimaanlagen/Ventilatoren zur Regulation der Temperatur am Arbeitsplatz, Einsatz von computergesteuerten Maschinen an hitzebelasteten Arbeitsplätzen, Sonnenschutz zur Verfügung stellen	temperierte Räume aufsuchen, leichte Kleidung tragen, Sonnenschutz tragen (Sonnenbrille, Kopfbedeckung, Hautcreme etc.)
Nässe	Wasser im Arbeitsbereich abpumpen/ableiten, Schutzkleidung und/oder Schutzräume bereitstellen, Einsatz von computergesteuerten Maschinen an nassen Arbeitsplätzen	Nässeschutz-Kleidung/-Handschuhe/-Schuhe tragen, nässegefährdete Hautbereiche einfetten, sich bevorzugt in trockenen Bereichen aufhalten
Gewalt	Gesetze zur Ächtung der Gewalt sowie zur Bestrafung von Gewalt und verharmlosenden Gewaltdarstellungen; stärkere Kontrolle öffentlicher Räume mithilfe von Überwachungskameras und Polizeistreifen; Notrufsysteme, Alarmanlagen und andere Sicherungssysteme installieren	Teilnahme an Schulungen, die das Gewaltmonopol des Staates in den Vordergrund stellen; Teilnahme an Maßnahmen, die die Entstehung von Gewaltbereitschaft verhindert (z.B. Frustrationstoleranz und Kommunikationsfähigkeit stärken); Teilnahme an sinnvollen Freizeitangeboten, Sport etc. für Jugendliche; gewaltfreie Konfliktlösung mithilfe von Streitschlichtung und Mediation

Stressursachen	verhältnispräventive Maßnahmen	verhaltenspräventive Maßnahmen
Naturkatastrophen	in erdbebengefährdeten Regionen grundsätzlich erdbebensichere Gebäude errichten; entsprechende Gesetze dazu erlassen; sturm- und erdbebensichere Schutzraume erstellen und mit Lebensmittel- und Wasservorrat ausstatten; Deiche zum Küstenschutz und Überschwemmungsschutz an Flüssen in ausreichender Höhe errichten; Renaturierung der Flussauen, um den Flüssen bei Starkregen genügend Ausbreitungsfläche zu geben; keine Baugebiete direkt an Flüssen und gefährdeten Küstenbereichen ausweisen; in Hanglagen den Wald nicht großflächig abholzen	Teilnahme an Schulungen zum Verhalten bei Naturkatastrophen; Teilnahme an Schulungen über Maßnahmen zur Verhinderung von Naturkatastrophen
Unfälle	**Verkehrsunfälle:** Geschwindigkeitsbegrenzungen erlassen und Übertretungen ahnden; Gurtpflicht; Promillegrenze oder Verbot von Alkohol am Steuer, mit Schildern auf Gefahrenstellen hinweisen	**Verkehrsunfälle:** Geschwindigkeitsbegrenzungen einhalten; kein Alkohol/Drogen etc. am Steuer; nur mit Gurt fahren; beim Fahrradfahren Helm tragen; beim Motorradfahren Helm und Schutzkleidung tragen; beim Autofahren nicht telefonieren; auch als Fußgänger auf Verkehr und Verkehrszeichen achten
	Haushalt: Stolperfallen beseitigen; rutschhemmende Teppiche; rutschsichere Leitern; Sicherheitsvorkehrungen an Treppen; Steckdosen und Herdplatten sichern **Sport:** sichere Sportanlage und sichere Sportgeräte; Entwickeln und Anbieten von Schutzausrüstung; Erlassen von Regeln **Beruf:** Erarbeitung von Gesetzen zum Unfallschutz am Arbeitsplatz (z. B. Gefahrstoffverordnung); Erarbeitung von Arbeitssicherheitsleitfäden; sichere Arbeitsgeräte und Werkstoffe; Angebot von Mitarbeiterschulungen zum sicheren Umgang mit Arbeitsgeräten und Werkstoffen; Reduzierung von Zeitdruck und eintöniger Arbeit	**Haushalt:** Teilnahme an Schulung/Aufklärung zu unfallträchtigen Situationen im Haushalt (Gefahrbewusstsein entwickeln); beim Putzen rutschhemmende Schuhe und passende Kleidung tragen; nicht putzen, wenn man müde oder erschöpft ist **Sport:** Einhaltung der Regeln; Tragen von Schutzausrüstung; gute Einschätzung der eigenen Fähigkeiten **Beruf:** Teilnahme an Mitarbeiterschulungen zum sicheren Umgang mit Arbeitsgeräten und Werkstoffen; kein Alkohol/keine Drogen am Arbeitsplatz
Hunger	Nothilfe in Dürregebieten, Katastrophengebieten, Kriegsgebieten und Flüchtlingslagern; politische Maßnahmen zur Verhinderung von kriegerischen Auseinandersetzungen; Maßnahmen zur Bekämpfung des Klimawandels; Unterstützung der Bevölkerung beim Anbau von Nahrungsmitteln, die den klimatischen Bedingungen entsprechen; Pflege nachhaltiger Bewässerungsanlagen; Gesetze, die verhindern, dass große, multinationale Konzerne die regionalen Lebensmittelmärkte zerstören;	Teilnahme an den links genannten Maßnahmen

Stressursachen	**verhältnispräventive Maßnahmen**	**verhaltenspräventive Maßnahmen**
	politisch stabile Systeme in den einzelnen Ländern, die es den Menschen erlauben, zumindest das Existenzminimum selbst zu verdienen; Sozialsysteme in den Ländern, die die Menschen ohne eigenes Einkommen solange unterstützen, bis sie ihr Einkommen wieder selbst verdienen können; soziale Organisationen (z. B. „Die Tafel"), die Menschen in Not unterstützen	
Schmerz	Maßnahmen ergreifen, die verhindern, dass Schmerz entsteht; schmerzlindernde Medikamente herstellen; Maßnahmen anbieten, die verhindern, dass aus akutem Schmerz chronischer Schmerz wird; andere schmerzlindernde Maßnahmen anbieten	rechtzeitig schmerzlindernde Medikamente einnehmen; Akupunktur anwenden; psychologische Behandlung nutzen; an sportlichen und sozialen Aktivitäten teilnehmen
Behinderung	Inklusion umsetzen → alle politischen, sozialen, wirtschaftlichen, gesellschaftlichen und persönlichen Maßnahmen, die Behinderung vermeiden helfen bzw. diese (zumindest teilweise) ausgleichen können; Prothesen und andere Hilfsmittel; Medikamente	Akzeptanz der nicht zu ändernden Faktoren, die eine Behinderung ausmachen; Aufklärung der Bevölkerung (z. B. zusammen mit anderen Betroffenen) darüber, wie bestimmte gesellschaftliche Faktoren das Leben eines Menschen mit Behinderung zusätzlich behindern können → Ziel: Verbesserung der Situation, indem die links stehenden Maßnahmen umgesetzt werden
Isolation/ Einsamkeit	Gemeinschaftsaktionen und -veranstaltungen planen und anbieten (z. B. Feste, Musikveranstaltungen, Theater für jede Altersgruppe); verschiedene Kurse (Kunst, Sport, Musik, Wissenschaft etc.) planen und anbieten; regelmäßige Treffpunkte für jede Altersgruppe einrichten; Treffpunkte sollen niederschwellig und leicht erreichbar sein; Einrichtungen unterstützen, die aktiv z. B. auf alte, einsame Menschen zugehen; Hundebesuchsdienst im Altenheim	auf andere Menschen zugehen; an Gemeinschaftsveranstaltungen teilnehmen; Kurse besuchen; Mitglied in einem Verein werden; Partner/Freunde suchen (z. B. über geeignete Plattformen im Internet); wieder Kontakt zu alten Freunden/Familienmitgliedern aufnehmen; anderen Menschen Hilfe anbieten; Hund anschaffen
Trennung	professionelle Hilfsangebote (z. B. psychologische/psychotherapeutische, sozialpädagogische); Beratungsstellen für Partnerschaftskrisen	Dinge tun, die einem gut tun (z. B. Musik hören, mit anderen Freunden zusammen sein); Loslassen; neue Aktivitäten aufbauen; professionelle Hilfe suchen
Beziehungsprobleme	s. Trennung Strukturen, die eine ausgeglichene Work-Life-Balance erlauben	sich regelmäßig mehr Zeit für die Beziehung nehmen; gemeinsame Pläne umsetzen; Stress in der Freizeit vermeiden; Feierabend einhalten; dem Partner und sich selbst genügend Freiraum lassen; freundlich miteinander kommunizieren; sich selbst akzeptieren

Stressursachen	verhältnispräventive Maßnahmen	verhaltenspräventive Maßnahmen
Zeitdruck	Planung der Strukturen und der anfallenden Aufgaben so, dass bei den Beteiligten möglichst kein Zeitdruck entsteht → (Arbeits-)Zeitmanagement; dies bedeutet, dass jederzeit genügend Materialien + Hilfsmittel in guter Qualität sowie genügend gut qualifizierte Personen vorhanden sein müssen, um die entsprechenden Aufgaben ohne Zeitdruck gut auszuführen	realistische Einschätzung der benötigten Zeit für eine Aufgabe; Aufgaben nach Wichtigkeit und Dringlichkeit abarbeiten; große Aufgaben in kleine Teilaufgaben aufspalten; bestimmte Aufgaben an andere abgeben (delegieren); Tagespläne machen, sich an Tagespläne halten; sich nicht ständig unterbrechen lassen etc.
Prüfung	ggf. Prüfungen durch Leistungsbeurteilungen ersetzen; Prüfungspläne erstellen; keine Prüfungen, bei denen die Leistung in der vorgegebenen Zeit von den zu Prüfenden nicht erbracht werden kann; gute Prüfungsvorbereitung durch die jeweilige Institution	richtiges Lernen und ausreichende Prüfungsvorbereitung (z. B. Lernplan erstellen, genaue Kenntnis des Prüfungsstoffs); Motivation aufbauen; beim Lernen Pausen machen; eigene Grenzen akzeptierten; Entspannungsübungen; während der Arbeit zuerst die Teile bearbeiten, bei denen man sich sicher fühlt; evtl. professionelle Hilfe bei starker Prüfungsangst
Überforderung	Einführung vom Maßnahmen des Zeit- und des Selbstmanagements (→ Zeitdruck) im Beruf und in der Familie (aber auch im übrigen sozialen Bereich, in der Freizeit)	Überforderung ist ein sehr individuelles Problem, daher: realistische Einschätzung der für die Erledigung der jeweiligen Aufgabe benötigten Kenntnisse und Fähigkeiten, des benötigten Aufwands und der benötigten Zeit unter Berücksichtigung der vorhandenen Ressourcen und der Gesamtbelastung; „Nein“ sagen können

8.7.2 Antwort zu Aufgabe 7.2

Aufgabe 7.2

Werden in Ihrem Betrieb/Ihrer Institution/Ihrer Hochschule stressreduzierende Maßnahmen durchgeführt bzw. angeboten?

- Wenn ja: Welche Maßnahmen sind das? Wie werden sie von der Belegschaft/der Studierendenschaft angenommen?
- Welche Maßnahmen sollten Ihrer Meinung nach durchgeführt bzw. angeboten werden? Warum?

Auch hier werden die Antworten je nach individuellem beruflichem Umfeld bzw. individuellem Hochschul-Umfeld wahrscheinlich sehr unterschiedlich ausfallen. Das Beispiel in Tabelle 8-8 bezieht sich auf eine konkrete (fiktive) Hochschule.

Tabelle 8-8: Beispiele für stressreduzierende Maßnahmen an einer Hochschule.

	Art der Maßnahme	Annahme der Maßnahme
stressreduzierende Maßnahmen für Studierende	Hochschulport	647 von 2.254 Studierenden = 28,7 %
stressreduzierende Maßnahmen für Hochschullehrer	(1) Zuschuss zu Angebot von „Anti-Stress-Massage“ (1-mal pro Monat) (2) Zuschuss zu jährlichen Fitnessstudio-Kosten (3) Lauftreff (1-mal pro Monat) für Hochschullehrer	(1) 5 von 56 Hochschullehrern = 8,9 % (2) 11 von 56 Hochschullehrern = 19,6 % (3) je nach Wetter 3–7 von 56 Hochschullehrern = Ø 8,9 %
stressreduzierende Maßnahmen für andere Hochschulmitarbeiter	(1) Zuschuss zu Angebot von „Anti-Stress-Massage“ (1-mal pro Monat) (2) Zuschuss zu Fitnessstudio-Kosten	(1) 21 von 107 anderen Hochschulmitarbeitern = 19,6 % (2) 15 von 107 anderen Hochschulmitarbeitern = 14,0 %

Alle genannten Maßnahmen sind verhaltenspräventive Maßnahmen, die jeweils an den stressgeplagten Personen ansetzen. Es werden keine verhältnispräventiven Maßnahmen genannt, die die Verhältnisse dahingehend ändern, dass weniger potenziell stressauslösende Situationen entstehen. Solche Maßnahmen könnten beispielsweise sein:

- reibungsfreie betriebliche Abläufe an der Hochschule
- gute Kommunikation innerhalb der einzelnen Hochschulbereiche sowie zwischen Studierenden und Lehrenden, zwischen Lehrenden und anderen Mitarbeitern, zwischen Studierenden und anderen Mitarbeitern, zwischen Studierenden/Lehrenden/anderen Mitarbeitern und Hochschulleitung
- gutes Betriebsklima
- ausreichende, gut instand gehaltene Mittel für den Hochschulunterricht und die Verwaltung
- regelmäßige Anpassung der Arbeitsplätze an die sich altersentsprechend ändernden Voraussetzungen bei den Mitarbeitern
- Arbeit und Studium sollen für den Einzelnen nicht über-, aber auch nicht unterfordernd sein
- guter Unterricht und gute Prüfungsvorbereitung für die Studierenden
- gute und faire Prüfungssituationen für die Studierenden
- Angebot von regelmäßigen Mitarbeitergesprächen
- Angebot von Sprechzeiten (bei den Hochschullehrern) für die Studierenden
- psychologischer Dienst für Hochschul-Mitarbeiter und Studierende
- Angebot von Schulungen, Trainings oder Coachings für Hochschul-Mitarbeiter und Studierende zur Stressprävention und zum Umgang mit Stress

8.8 Antwort zu Aufgabe 8

Aufgabe 8

Sie sehen in Abbildung 8-7 ein Diagramm, das Ihnen die Zusammenhänge zwischen verschiedenen schulinternen und externen Belastungsfaktoren, Stress, psychosomatischen Erkrankungen und Frühverrentung bei Lehrern deutlich machen soll.
Ihre Aufgabe ist es, anhand des Maßnahmenplans (s. Abbildung 7-2) zwei geeignete Maßnahmen zu finden, mit deren Hilfe **Stress bei Lehrkräften** verhindert und dadurch psychosomatischen Folgeerkrankungen sowie einer möglichen Frühverrentungen vorgebeugt werden kann.
(Bei einigen Unterpunkten wie z. B. „Stressstärke" nehmen Sie bitte Ihre eigenen Erfahrungswerte als Grundlage.)

Sie können bei der Bearbeitung dieser Aufgabe verschiedene Stressursachen aussuchen. In Frage kämen hier u. a. folgende im Diagramm genannte Faktoren:

- große Klassen
- hohe Arbeitszeitbelastung
- Aggressivität und Gewalt durch Schüler
- Aggressivität und Gewalt durch Eltern
- mangelhafte Kommunikationskultur in der Schule (zwischen Schülern und Lehrern, zwischen Lehrern und Schulleitung, zwischen Lehrern und Verwaltung, zwischen Lehrern/Schulleitung und Schulbehörden)
- mangelnder Rückhalt einzelner Lehrer im Kollegium
- mangelnder Rückhalt einzelner/aller Lehrer bei der Schulleitung
- fehlende gesellschaftliche Wertschätzung
- unklarer Bildungs- und Erziehungsauftrag
- überhöhter Bildungs- und Erziehungsauftrag
- Mangel an sozialem Rückhalt bei einzelnen Lehrern
- Mangel an individuellen Coping-Strategien bei einzelnen Lehrern

Als Beispiele werden nun die beiden Faktoren (1) „Lärm in den Klassen" (u. a. aufgrund zu großer Klassen) und (2) „Aggressivität durch Schüler" als Stressauslöser bei Lernern der Sekundarstufe I genannt. Aus dem Maßnahmenplan (s. Abbildung 8-8) lässt sich entnehmen, dass in diesem angenommenen Fall die Maßnahme „Schallschutz für Stühle" sofort umgesetzt wird. Als längerfristige Maßnahme sind „schallreduzierende Böden" eingeplant. Die Maßnahme „zusätzliche pädagogische Hilfskräfte" kombiniert mit „weniger Frontalunterricht" wurde wegen mangelnder finanzieller Mittel abgelehnt. Anders dagegen bei den Maßnahmen zur Reduzierung der Aggressivität durch Schüler: Hier wurden alle genannten internen Maßnahmen (Klassenvertrag, Schulvereinbarung, Schlichtungssystem, Helfersystem) akzeptiert. Die externe Maßnahme (regelmäßige Kommunikation mit Eltern) wurde jedoch aufgrund mangelnder Kooperationsbereitschaft nur von einigen Eltern akzeptiert.

Welche Faktoren führen zu psychischen bzw. psychosomatischen Erkrankungen als häufigste Ursache einer frühzeitigen Verrentung bei Lehrer/-innen?

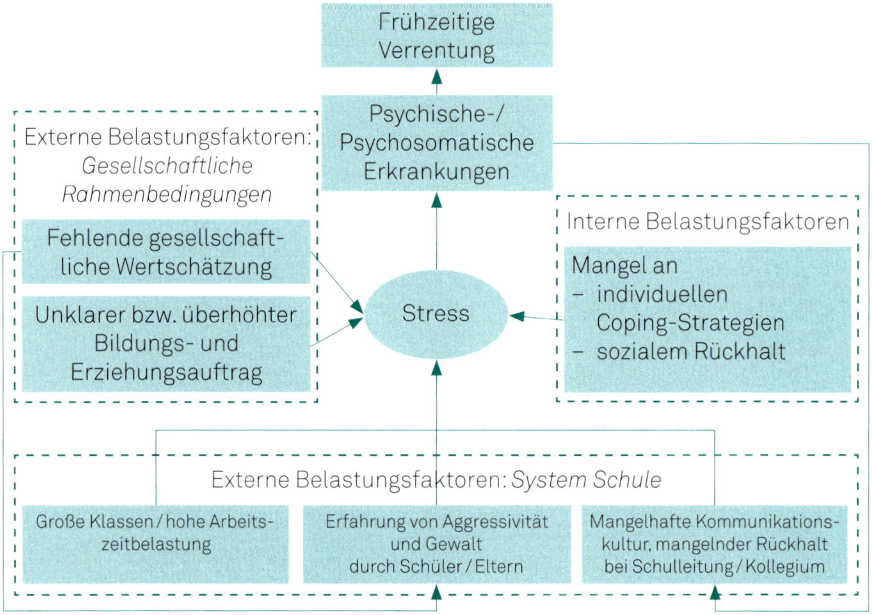

Abbildung 8-7: Faktoren, die zu psychischen bzw. psychosomatischen Erkrankungen führen (häufigste Ursache einer frühzeitigen Verrentung bei Lehrern).

Maßnahmen „Stress im Betrieb“

	(1) Stressauslöser	(2) Betroffene	(3) Stresshäufigkeit	(4) Stressstärke	(5) Beteiligte Faktoren
1	Lärm in den Klassen, ständige Unruhe	Lehrkräfte in der Sekundarstufe I	**Ständig**	**Stark belastet**	Zu große Klassen, Böden sind nicht Schall reduzierend, Fenster sind nicht Schall isolierend, nicht alle Schüler können dem Unterricht folgen (heterogene Zusammensetzung der Klassen)
2	Aggressivität durch Schüler, keine Akzeptanz der Autorität der Lehrer / Lehrerinnen, Aggressivität besonders auch zwischen verschiedenen Ethnien	Lehrkräfte in der Sekundarstufe I	Häufig	**Stark belastet**	Schlechtes Schulklima, Konflikte zwischen Schülern und Lehrern, mangelhafte Kommunikation zwischen Schülern und Lehrern / Schulleitung; Spannungen zwischen verschiedenen Ethnien bei den Schülern; Frustration bei den Schülern (z. B. aufgrund mangelnder Erfolg, geringer sozialer Anerkennun; geringe soziale Kompetenz bei den Schülern

	(6.1) Maßnahmen im Firmenbereich	(7) Einzubeziehende Firmenebenen / Abteilungen / Interessengruppen etc.	(8) Nebenwirkungen	(9) Maßnahmen umsetzbar?	(10) Akzeptiert?
	(a) weniger Frontalunterricht	Lehrkräfte in der Sekudarstufe I, Schulleitung, Schüler, Eltern / Elternvertreter	u. a. intensivere Unterreichtsvorbereitung	Nein; Maßnahmen nur gemeinsam sinnvoll, aber keine finanziellen Mittel für (b) vorhanden	–
	(b) Zusätzliche pädagogische Hilfskraft im Unterricht	Lehrkräfte in der Sekudarstufe I, Schulleitung, Schüler, Eltern / Elternvertreter	Finanzielle Mittel für andere Bereiche würden gekürzt		
	(c) Schallreduzierende Böden	Lehrkräfte in der Sekudarstufe I, Schulleitung, Schulbehörden (Schüler, Eltern / Elternvertreter)	Möglicherweise intensivere Bodenpflege nötig	Langfristig: Ja; Umsetzung für die nächsten Jahre geplant	Ja
1	(d) Schallschutz für Stühle	Lehrkräfte in der Sekudarstufe I, Schulleitung, Schulbehörden (Schüler, Eltern / Elternvertreter)	–	Ja	Ja
	(6.2) Maßnahmen außerhalb	(7) Einzubeziehende Firmenebenen / Abteilungen / Interessengruppen etc.	(8) Nebenwirkungen	(9) Maßnahmen umsetzbar?	(10) Akzeptiert?
	(a) kleinere Klassen (→ Reduzierung der maximalen Klassenstärke)	Lehrkräfte in der Sekundarstufe I, Ministerium, ggf. Lehrergewerkschaft, Elternverband, u. a. Interessenvertreter, Schulleitung, Schüler	Besseres Lernklima, besseres Lernen möglich, mehr Einzelbetreuung möglich, bessere Leistungen der Schüler	Einwirkung auf politische Entscheide nicht direkt über die Schule möglich	–

	Maßnahmen „Stress im Betrieb“				
	(6.1) Maßnahmen im Firmenbereich	(7) Einzubeziehende Firmenebenen / Abteilungen / Interessengruppen etc.	(8) Nebenwirkungen	(9) Maßnahmen umsetzbar?	(10) Akzeptiert?
2	(a) Klassenvertrag (Regeln, Sanktionen, Vereinbarungen	Lehrkräfte in der Sekundarstufe I; Schüler	positive Auswirkungen auf das private Umfeld der Schüler, ihre psychische Gesundheit, ihre gesellschaftliche Sozialisation und ihre späteren beruflichen Chancen	Ja	Ja
	(b) Schulvereinbarung (Wie miteinander umgehen?)	Lehrkräfte in der Sekundarstufe I; Schüler, Schulleitung		Ja	Ja
	(c) Streitschlichtungssystem implementieren	Lehrkräfte in der Sekundarstufe I; Schüler, Schulleitung		Ja	Ja
	(d) Helfersystem / Patenschaften für jüngere Schüler	Lehrkräfte in der Sekundarstufe I; Schüler, Schulleitung		Ja	Ja
	(6.2) Maßnahmen außerhalb	(7) Einzubeziehende Firmenebenen / Abteilungen / Interessengruppen etc.	(8) Nebenwirkungen	(9) Maßnahmen umsetzbar?	(10) Akzeptiert?
	(a) Regelmäßige Kommunikation mit Eltern und Einbeziehung der Eltern	Lehrkräfte in der Sekundarstufe I; Schüler; Schulleitung	–	Ja	Teilweise

Abbildung 8-8: Lösungsvorschlag zu Aufgabe 8.

Anhang und Serviceteil

9 Glossar

ACTH

Das Adrenokortikotrope → Hormon *ACTH* (Kortikotropin) wird im vorderen Teil der → Hypophyse gebildet. Es wird über den Blutkreislauf zur Nebenniere transportiert und wirkt dort auf die → Nebennierenrinde (NNR) ein. In der Nebennierenrinde bewirkt es die Freisetzung von → Glukokortikoiden (v.a. von → Kortisol). ACTH wird oft als Stresshormon bezeichnet, da es bei → Stress vermehrt ausgeschüttet wird.

Adrenalin

Adrenalin ist ein → Hormon, das im → Nebennierenmark (NNM) gebildet wird. Gleichzeitig wirkt es auch als Nervenüberträgerstoff (→ Neurotransmitter) im → zentralen Nervensystem (ZNS) und im → sympathischen Nervensystem. Adrenalin spielt eine große Rolle im Rahmen der Stressreaktion. Nach der Ausschüttung von Adrenalin ins Blut steigen Herzfrequenz und Blutdruck an, die Bronchiolen erweitern sich, durch den Abbau von Fett und die Freisetzung und Bildung von Glukose wird Energie bereitgestellt. Darüber hinaus zentralisiert das Hormon die Durchblutung im Körper und hemmt die Magen-Darm-Tätigkeit. Siehe auch → Stress, → Noradrenalin, → Sympathikus-Nebennierenmark-Achse.

Affektive Störung

Affektive Störungen sind durch klinisch bedeutsame Veränderung in der Stimmungslage gekennzeichnet. Bei der → Depression ist die Stimmung gedrückt, bei der Manie ist sie weit über das Normalniveau hinaus gesteigert. Die genannten Veränderungen können akut, chronisch oder in episodischer Form auftreten.

Allergie

Eine *Allergie* ist eine überschießende krankhafte Abwehrreaktion des Immunsystems auf einen bestimmten, normalerweise harmlosen Stoff aus der Umwelt. Man bezeichnet diesen Stoff dann als Allergen. Es gibt eine Vielzahl von Stoffen, auf die manche Menschen mit einer überschießenden Immunantwort reagieren. Oftmals sind es Eiweiße, die eine solche Reaktion auslösen. Beispiele für allergische Erkrankungen sind Nahrungsmittelallergien, Arzneimittelallergien, Kontaktekzem, allergisches Asthma bronchiale.

Ambulante Behandlung

Als *ambulante Behandlung* bezeichnet man z.B. eine Behandlung in der Praxis eines niedergelassenen Arztes oder Zahnarztes oder in der Ambulanz eines Krankenhauses.

Amygdala

Die *Amygdala* (Mandelkern) ist ein Kerngebiet im mittleren Teil des Schläfenlappens. Sie ist wie der Schläfenlappen paarig angelegt und gehört zum → limbischen System des Gehirns. Die Amygdala spielt eine große Rolle bei der gefühlsmäßigen Bewertung und Wiedererkennung von Situationen. Sie hilft bei der Analyse von Gefahren und ist insbesondere an der Entstehung von Angst beteiligt. Dabei verarbeitet sie Impulse, die von außen kommen und leitet Reaktionen des → vegetativen Nervensystems ein (z.B. Erhöhung des Pulsschlags, Erhöhung der Atemfrequenz, Erweiterung der Bronchien, Erweiterung der Pupillen).

Anforderungs-Ressourcen-Modell

Beim *Anforderungs-Ressourcen-Modell* nach *Becker* (1994) handelt es sich um eine Weiterentwicklung des → Transaktionalen Stressbewältigungsmodells. Zentrale Ansatzpunkte des Anforderungs-Ressourcen-Modells sind einerseits die internen und externen Anforderungen, die auf den Menschen einwirken (z.B. Leistungsdruck, Rollenerwartungen, Lärm, Schadstoffe), andererseits aber auch die internen und externen → Ressourcen (z.B. gesundes Arbeitsklima, soziale Unterstützung, Resilienz, hohe körperliche Leistungsfähigkeit), die ihm zur Bewältigung dieser Anforderungen zur Verfügung stehen. *Becker* schaut mit seinem Modell v.a. auf die Bedürfnisse und Motive, die die betroffenen Menschen dabei haben, und betrachtet damit auch die Emotionen, die bei der Entstehung von Stress eine Rolle spielen.

Angststörungen

Als *Angststörungen* bezeichnet man eine Gruppe von psychischen Störungen, die durch eine übertriebene unspezifische Angst oder eine konkrete Furcht (Phobie) vor einem Objekt bzw. einer Situation gekennzeichnet sind. Beispiele hierfür sind u.a. die Flugangst, die Spinnenphobie und die Platzangst (Agoraphobie). Zu den Angststörungen gehört auch die Panikstörung, bei der bestimmte Ängste → Panikattacken auslösen können.

Anpassungsstörung

Unter einer *Anpassungsstörung* versteht man eine gestörte (pathologische) Reaktion auf bestimmte psychosoziale Belastungsfaktoren. Die auslösenden psychosozialen Faktoren können individuell sehr unterschiedlich sein. Als Folge davon treten Symptome im Bereich der → Emotionen und des Verhaltens auf. Hierzu gehören z.B. Freudlosigkeit, Trauer, Angst, aber auch Veränderungen im Sozialverhalten oder Probleme mit Nähe/Distanz.

Antagonist

Ein *Antagonist* ist ein Gegenspieler. Das → sympathische Nervensystem (Sympathikus) wirkt beispielsweise antagonistisch zum → parasympathischen Nervensystem (Parasympathikus). So steigert der Sympathikus u.a. die Herztätigkeit und erweitert die Bronchien, während der Parasympathikus zu einer Verlangsamung des Pulses und einer Verengung der Bronchien führt.

Appraisal

Als *Appraisal* bezeichnet man im Rahmen der Stressforschung eine Bewertung oder Beurteilung der Stresssituation durch den Betroffenen. Siehe auch → Stress.

Arbeitsausfallkosten

Arbeitsausfallkosten sind → Kosten, die durch die Abwesenheit vom Arbeitsplatz (z. B. infolge einer Krankheit) entstehen.

Arbeitsunfähigkeitstage

Als *Arbeitsunfähigkeitstage* (AU-Tage) bezeichnet man die Anzahl der Tage in einem Auswertungszeitraum (z. B. in einem Jahr), an denen z. B. eine Person oder die Belegschaft in einem Betrieb arbeitsunfähig war. Hierbei werden arbeitsfreie Wochenenden und Feiertage in der Regel mitgezählt.

Arteriosklerotische Plaques

Entzündliche *arteriosklerotische Plaques* können sich in Blutgefäßen bilden. Dabei lagern sich in der Wand der Blutgefäße u. a. → Cholesterin und Kalk ein. Dies führt zu einer Einengung im Inneren der Blutgefäße, sodass die Gefahr zunimmt, dass es zu einem Verschluss des Gefäßes kommt. Die Folge davon kann eine Minderdurchblutung in dem von diesem Blutgefäß versorgten Gebiet sein.

Autoimmunerkrankungen

Autoimmunerkrankungen sind Erkrankungen, bei denen das Immunsystem das körpereigene Gewebe irrtümlicherweise als Fremdkörper erkennt, den es zu bekämpfen gilt. Das Immunsystem bildet daraufhin in einer überschießenden Reaktion Antikörper gegen die eigenen Körperzellen. Die schweren Entzündungsreaktionen schädigen dann die betroffenen Organe. Zu den Autoimmunerkrankungen gehören z. B. Lupus erythematodes, Morbus Crohn, Colitis ulcerosa, Morbus Bechterew und Multiple Sklerose.

Burnout

Das von *Freudenberger* (1926–1999) entwickelte Konzept des *Burnout*-Syndroms beschreibt einen stressbedingten, schleichenden Prozess, der durch eine körperliche, emotionale, geistig-mentale und soziale → Erschöpfung gekennzeichnet ist. Obwohl bei der Entstehung eines Burnouts auch noch andere Faktoren wie private Konflikte, Überforderung durch das familiäre Umfeld, Zivilisations-Stressoren etc. sowie persönliche Stressverstärker eine Rolle spielen können, verbinden die meisten Menschen in unserer Gesellschaft den Begriff v. a. mit einer chronischen, erschöpfenden beruflichen Überbelastung.

Betablocker

Als *Betablocker* (β-Blocker) bezeichnet man eine Medikamentengruppe, die im Körper die Andockstellen (Rezeptoren) der Botenstoffe → Adrenalin und → Noradrenalin blockiert und so die Wirkung von Adrenalin und Noradrenalin hemmt. Betablocker senken u. a. den Blutdruck und die Ruhefrequenz des Herzens.

B-Lymphozyten

B-Lymphozyten (B-Zellen) sind weiße Blutkörperchen (Leukozyten). Ihre Aufgabe ist es, Antikörper gegen fremde Substanzen zu bilden, die in den Körper eingedrungen sind. Im Rahmen einer Antigen-Antikörper-Reaktion werden diese dann unschädlich gemacht. B-Lymphozyten sind damit ein Teil des adaptiven → Immunsystems. Siehe auch → T-Lymphozyten.

Bruttoinlandsprodukt (BIP)

Das *Bruttoinlandsprodukt* (BIP; Gross Domestic Product, GDP) umfasst den Gesamtwert aller Güter (= Waren und Dienstleistungen), die während eines Jahres innerhalb der Landesgrenzen einer Volkswirtschaft hergestellt wurden. Es ist ein Maß für die Wirtschaftsleistung einer Volkswirtschaft in einem bestimmten Zeitraum.

Cholesterin

Cholesterin ist eine fettähnliche Substanz, die in unserem Körper zahlreiche lebenswichtige Funktionen übernimmt. Sie ist Bestandteil der Zellmembranen und bildet die Grundlage von Hormonen (z.B. → Kortisol, Geschlechtshormone), Gallensäuren und von Vitamin D. Cholesterin ist in der Nahrung enthalten und kann vom Körper selbst gebildet werden. Ein zu hoher Cholesterinwert ist ein Risikofaktor für bestimmte Erkrankungen (z.B. Arteriosklerose [→ arteriosklerotische Plaques], → koronare Herzkrankheiten, Gallensteinleiden). Das *LDL-Cholesterin* (Low Density Lipoprotein; Lipoprotein von niederer Dichte) ist ein Transport-Lipoprotein. Es transportiert das vom Körper gebildete Cholesterin von der Leber zu den verschiedenen Geweben.

Chromosomen

Chromosomen sind Zellkernstrukturen, die die Erbinformationen enthalten. Sie bestehen aus → Desoxyribonukleinsäure (DNA).

Coaching

Als *Coaching* bezeichnet man verschiedene Beratungsmethoden wie das Einzelcoaching, das Teamcoaching und das Projektcoaching. Anders als bei der klassischen Beratung liefert der Coach hierbei jedoch keine direkten Lösungsvorschläge, sondern unterstützt den Coachee (Klienten) dabei, eigene Lösungen zu entwickeln.

Coping

Das *Coping* ist eine Bewältigungsstrategie. Es beschreibt die Art des Umgangs mit einem als bedeutsam und schwierig empfundenen Lebensereignis oder einer Lebensphase.

C-reaktives Protein (CRP)

Das *C-reaktive Protein* (CRP) ist ein Eiweiß, das in der Leber gebildet und dort an das Blut abgegeben wird. Die CRP-Blutkonzentration steigt im Rahmen von entzündlichen (infektiösen und nicht infektiösen) Erkrankungen an.

Depression

Die *Depression* ist eine psychische Störung, die den → affektiven Störungen zugeordnet wird. Typische Symptome sind länger andauernde negative Stimmungen, Verlust an Freude, Interesse und Antrieb. Auch das Selbstwertgefühl und die Leistungsfähigkeit sind eingeschränkt. Die Symptome sind in der Regel sehr ausgeprägt und senken die Lebensqualität erheblich.

Dis-Stress

Dis-Stress ist → Stress, der als unangenehm empfunden wird. Er hat negative körperliche, geistige und seelische Folgen für den Betroffenen. Siehe auch → Eu-Stress.

DNA (Desoxyribonukleinsäure)

Die *DNA (Desoxyribonukleinsäure)* – ein komplexes Bio-Molekül – ist Träger der Erbinformation, der → Gene. Sie hat die Form einer Doppelhelix (ähnlich einer in sich gedrehten Strickleiter) und befindet sich im Zellkern menschlicher Zellen.

Dopamin

Dopamin ist ein überwiegend erregender Nervenüberträgerstoff (→ Neurotransmitter). Er spielt v.a. bei der Antriebssteigerung und Motivation eine Rolle. Im Rahmen einer Stressreaktion (→ Stress) kann die Produktion des Eiweißstoffes absinken, sodass es zu einer Mangelsituation im Körper kommen kann.

Emotion

Als *Emotion* bezeichnet man eine Gemütsbewegung, ein Gefühl oder eine seelische Erregung. Beispiele hierfür sind Furcht, Angst, Ärger, Eifersucht, Mitleid, Freude und Liebe.

Empirie

Als *Empirie* bezeichnet man die Erfahrungswissenschaft. Empirisch erhobene Daten sind Daten, die im Labor oder im „Feld" (d.h. im normalen Leben, im natürlichen Kontext) gewonnen wurden.

Endorphine

Endorphine sind körpereigene, dem Opium ähnliche Substanzen. Sie werden im → Hypothalamus und der → Hypophyse gebildet und haben u.a. eine schmerzstillende Wirkung.

Epigenetik

Die *Epigenetik* beschreibt molekulare Veränderungen an der → DNA (oder an Eiweißen, die mithilfe der DNA gebildet werden), die sich auf Umwelteinflüsse oder Erfahrungen zurückführen lassen. Diese Umwelteinflüsse oder Erfahrungen können den Aktivitätszustand der → Gene beeinflussen. Sie verändern aber nicht die in den Genen enthaltene Erbinformation.

Ergebnisevaluation
Unter einer *Ergebnisevaluation* versteht man die Beschreibung und Bewertung der Ergebnisse eines Programms oder einer Maßnahme. Dabei werden insbesondere auch die Stärken und Schwächen analysiert. Siehe auch → Evaluation und → Prozessevaluation.

Erschöpfung
Körperliche, emotionale (→ Emotion), soziale und mentale *Erschöpfung* sind die charakteristischen Zeichen eines → Burnout-Syndroms. Dabei zeigt sich die körperliche Erschöpfung in Energiemangel, chronischer Müdigkeit, einem Schwächegefühl und psychosomatischen Symptomen (vgl. → Psychosomatische Störung). Typisch für die emotionale Erschöpfung sind u.a. Gefühle der Niedergeschlagenheit, Hoffnungslosigkeit und Ausweglosigkeit. Zeichen einer mentalen Erschöpfung sind der Abbau der geistigen Leistungsfähigkeit, Zynismus und das Gefühl der Sinnlosigkeit. Soziale Erschöpfung zeigt sich in sozialem Rückzug, dem Verlust an Empathie und dem Verlust am Interesse an anderen Menschen.

Eu-Stress
Als *Eu-Stress* bezeichnet man sogenannten positiven → Stress, der dann entsteht, wenn ein auf einen Menschen einwirkender Zustand oder eine von ihm geforderte Tätigkeit von ihm zwar einen größeren Aufwand verlangt, aber nicht als Belastung empfunden wird. Siehe auch → Dis-Stress.

Evaluation
Als *Evaluation* bezeichnet man die Erfolgskontrolle nach der Durchführung einer Maßnahme. Sie umfasst die Beschreibung, Analyse und Bewertung von Projekten, Prozessen und Organisationseinheiten. Mithilfe einer Evaluation können Maßnahmen jedoch nicht nur bewertet werden, sie dient darüber hinaus als Entscheidungshilfe für die bessere Planung und Durchführung von weiteren Maßnahmen. Siehe auch → Ergebnisevaluation und → Prozessevaluation.

Evidenz
Im Kontext von Medizin und → Gesundheitswissenschaften bedeutet *Evidenz* die auf dem Boden der besten zur Verfügung stehenden Daten empirisch (→ Empirie) nachgewiesene Wirksamkeit einer präventiven (→ Prävention) oder therapeutischen Maßnahme (Best Practice).

Formatio reticularis
Als *Formatio reticularis* bezeichnet man ein Netzwerk von Nervenzellen im Hirnstamm. Es zieht sich vom verlängerten Mark (Medulla oblongata) bis zum Zwischenhirn (Diencephalon). Hier finden Schaltvorgänge u.a. im Zusammenhang mit der Kreislauf- und Atmungsregulation, der Harnblasenentleerung sowie der Empfindung von Schmerz und Emotionen statt.

Fornix

Der *Fornix* („Hirngewölbe") gehört zum → limbischen System, einer saumförmigen Struktur des Gehirns, die um den Thalamus und die Basalganglien herum liegt. Er spielt eine große Rolle bei der Einspeicherung von Gedächtnisinhalten, beim Lernen.

Frühverrentung

In Deutschland werden mit dem juristisch ungenauen Begriff *„Frührente"* alle Formen der frühzeitigen Berentung verstanden. „Frührente" umfasst damit alle Formen des vorgezogenen Übergangs in die Erwerbslosigkeit, die zu einer Rentenzahlung durch die gesetzliche Rentenversicherung führen. Hierzu gehören die Erwerbsminderungsrente oder die vorgezogene Altersrente nach Arbeitslosengeldbezug.

Gen

Als *Gen* bezeichnet man allgemein eine Erbanlage. Die Gesamtheit der Erbanlagen wird auch Genom genannt. Ein Gen ist ein Abschnitt auf der → DNA, der die Informationen zur Herstellung eines bestimmten Eiweißes enthält. Das Eiweiß übernimmt im Körper dann spezifische Aufgaben, sodass sich bestimmte Merkmale ausprägen können.

Gesundheitsförderung

Der Begriff der *Gesundheitsförderung* umfasst alle Aktivitäten und Maßnahmen, die der Stärkung der Gesundheitsressourcen und -potenziale der Menschen (→ Ressourcen) dienen. Gesundheitsförderung soll somit einen Prozess in Gang setzen, der allen Menschen ein höheres Maß an Selbstbestimmung über ihre Gesundheit ermöglicht und sie dadurch zu einer Stärkung ihrer Gesundheit befähigt.

Gesundheitsförderung Schweiz

Die privatrechtliche Stiftung *Gesundheitsförderung Schweiz* (Promotion Santé Suisse) wird von den Schweizer Kantonen und von Versicherern getragen und unterliegt der Kontrolle des Bundes. Sie hat den gesetzlichen Auftrag, Maßnahmen zur Förderung der Gesundheit zu initiieren, zu koordinieren und zu evaluieren.

Gesundheitsverhalten

Als *Gesundheitsverhalten* bezeichnet man alle Verhaltensweisen, die für die Gesundheit einer Person direkt relevant sind. Hierzu gehören z. B. Ernährung, Sport, Bewegung, die Inanspruchnahme medizinischer Einrichtungen, aber auch der Konsum von Genuss- oder Suchtmitteln. Gesundheitsverhalten ist Teil eines gesundheitsrelevanten → Lebensstils.

Gesundheitsversorgung

Gesundheitsversorgung umfasst alle therapeutischen, präventiven und gesundheitsfördernden Maßnahmen, die durch Gesundheitseinrichtungen und Gesundheitsfachkräfte erbracht werden. Die Maßnahmen können sich sowohl an einzelne Individuen als auch an ganze → Populationen richten.

Glukokortikoide

Glukokortikoide sind Steroidhormone (→ Hormone), die in der → Nebennierenrinde gebildet werden. Sie beeinflussen v.a. den Zuckerstoffwechsel, wirken sich aber u.a. auch auf den Wasser- und Elektrolythaushalt, das Herz-Kreislauf-System und das Nervensystem aus. Darüber hinaus wirken sie entzündungshemmend und unterdrücken die Immunreaktion im Körper. Zu den Glukokortikoiden gehören u.a. → Kortisol und Kortison.

Glukoneogenese

Als *Glukoneogenese* bezeichnet man die Neubildung von → Glukose aus Substanzen, die aus dem Eiweiß- und Fettstoffwechsel stammen. Sie findet v.a. in der Leber und in der Nierenrinde statt, in geringeren Mengen auch im Gehirn sowie in der Skelettmuskulatur und im Herzmuskel.

Glukose

Glukose ist ein Einfachzucker, der auch als Traubenzucker bezeichnet wird. Er wird in unserem Körper als schnell verfügbarer Energielieferant benötigt. Glukose wird hauptsächlich von Pflanzen mithilfe der Fotosynthese hergestellt und von Menschen mit der Nahrung aufgenommen. Im Rahmen der → Glukoneogenese kann der Mensch Glukose jedoch auch selbst herstellen.

Glykogen

Glykogen ist ein Vielfachzucker. Es dient als Speicherform des Zuckers im menschlichen Körper (= tierische Stärke). Glykogen wird v.a. in der Muskulatur sowie in der Leber und den Nieren gespeichert. Die Muskeln nutzen ihren Glykogenvorrat selbst. Das in Leber und Nieren gespeicherte Glykogen wird bei Bedarf zu → Glukose abgebaut, welche dann über das Blut zu anderen Zellen transportiert wird.

Grundumsatz

Als *Grundumsatz* bezeichnet man die Energiemenge, die ein Körper pro Tag bei 28°C, nüchtern und in völliger Ruhe zur Aufrechterhaltung seiner Funktionen benötigt.

Herzinfarkt

Der *Herzinfarkt* (Myokardinfarkt) entsteht durch eine anhaltende Durchblutungsstörung in einem Teil des Herzmuskels. In der Folge kommt es zu einem Gewebsuntergang (→ Nekrose). Auslöser ist meist ein Verschluss eines arteriosklerotisch veränderten (→ Arteriosklerotische Plaques), verengten Blutgefäßes (Herzkranzgefäß), das durch einen Blutpfropf verstopft wird. Ein typisches Symptom ist der plötzlich auftretende, anhaltende Schmerz im Brustbereich, der v.a. in den linken Arm ausstrahlen kann. In vielen Fällen (insbesondere bei Frauen) ist die Symptomatik jedoch unspezifisch.

Hippocampus

Der *Hippocampus* (das Seepferdchen) ist Teil des → limbischen Systems, einer paarig angelegten, saumförmigen Struktur, die – um den Thalamus und die Basalganglien herum – im Zentrum unseres Gehirn liegt. Er ist von großer Bedeutung für die Überführung von Gedächtnisinhalten aus dem Kurzzeit- in das Langzeitgedächtnis.

Hormon

Hormone sind biochemische Botenstoffe, die von spezialisierten Zellen gebildet und in der Regel an das Blut abgegeben werden (Ausnahme: Gewebshormone, die direkt im benachbarten Gewebe wirken). Über das Blutgefäßsystem werden sie im Körper verteilt und gelangen auf diese Weise zu ihren Erfolgsorganen, wo sie eine bestimmte Wirkung entfalten.

Hypertonie

Von *Bluthochdruck* (arterielle *Hypertonie* oder arterieller Hypertonus) spricht man in der Regel bei einem Hochdruck in den Schlagadern des Körperkreislaufs. Nach der WHO-Definition ist das dann der Fall, wenn der systolische Blutdruck über 140 mmHg und/oder der diastolische Blutdruck über 90 mmHg liegt.

Hypophyse

Die Hirnanhangdrüse *(Hypophyse)* ist eine Hormondrüse (→ Hormon). Sie liegt im Türkensattel, einer knöchernen Vertiefung in der mittleren Schädelgrube, und ist über einen Stiel mit dem → Hypothalamus verbunden. Dadurch kann sie gemeinsam mit dem Hypothalamus ihre Aufgabe als Schnittstelle zwischen Nervensystem und Hormonsystem wahrnehmen. Als zentrale, übergeordnete Struktur regelt sie wichtige Teile des Hormonsystems. Sie setzt Hormone frei, die insbesondere Wachstum, Fortpflanzung und Stoffwechsel regulieren.

Hypothalamus

Der *Hypothalamus* ist Teil des Zwischenhirns. Er ist das wichtigste Steuerungszentrum des → vegetativen Nervensystems (Eingeweidenervensystem) und regelt u. a. das innere Milieu in unserem Körper. Über den Hypophysen-Stiel ist er mit der → Hypophyse verbunden und bildet mit ihr gemeinsam die Schnittstelle zwischen Nervensystem und Hormonsystem (→ Hormon).

Hypothalamus-Hypophysen-Nebennierenrinden-Achse (HHN-Achse)

Als *Hypothalamus-Hypophysen-Nebennierenrinden-Achse* (HHN-Achse) bezeichnet man die direkten Verbindungswege und Rückkopplungsschleifen (→ Negatives Feedback) zwischen → Hypothalamus, → Hypophyse und → Nebennierenrinde. Die Wechselwirkungen zwischen diesen drei Hormondrüsen bilden den Hauptteil des neuroendokrinen Systems (= System, das das Hormonsystem [→ Hormon] mit dem Nervensystem verknüpft). Die HHN-Achse spielt eine große Rolle bei der Stressreaktion (→ Stress) und reguliert viele Prozesse im menschlichen Körper. Sie hat u. a. Einfluss auf Verdauung, Immunsystem, Stimmung und → Emotionen, Sexualität, Energiespeicherung und -bereitstellung.

ICD-10-Kodierung

Die *„Internationale statistische Klassifikation der Krankheiten und verwandter Gesundheitsprobleme“* (International Statistical Classification of Diseases and Related Health Problems) liegt derzeit in ihrer 10. Revision vor. Man bezeichnet sie daher kurz als *ICD-10*. Es handelt sich um eine international anerkannte Klassifikation zur Verschlüsselung von Diagnosen in der ambulanten und stationären Gesundheitsversorgung. Sie wird von der Weltgesundheitsorganisation (→ World Health Organization, WHO) herausgegeben. In Deutschland sind z. B. die an der vertragsärztlichen Versorgung teilnehmenden Ärzte und Krankenhäuser verpflichtet, die Diagnosen nach ICD-10 zu verschlüsseln.

Immunglobuline

Immunglobuline sind spezialisierte Eiweiße, die innerhalb des → Immunsystems bestimmte Aufgaben übernehmen. So findet sich beispielsweise Immunglobulin A (IgA) auf allen Schleimhäuten des Körpers, wo es vor Krankheitserregern schützt, die versuchen, über die Schleimhaut in den Körper einzudringen.

Immunsuppressiv

Unter einer *immunsuppressiven* Wirkung versteht man eine Wirkung, die die Funktionen des → Immunsystems vermindert. Immunsuppressiva sind Medikamente mit dieser Wirkung.

Immunsystem

Das *Immunsystem* ist das Abwehrsystem des menschlichen Körpers. Mit seiner Hilfe unterscheiden wir zwischen innen und außen, zwischen körpereigenen und körperfremden Strukturen. Es macht potenzielle Krankheitserreger unschädlich und entfernt fremde Substanzen, die den Körper schädigen könnten. Darüber hinaus kann es fehlerhaft gewordene körpereigene Zellen erkennen und zerstören. Das Immunsystem besteht aus zwei Teilbereichen. Die *unspezifische Immunabwehr* dient der schnell einsetzenden Bekämpfung von Eindringlingen in den Körper. Sie unterscheidet dabei nicht nach der Art der Eindringlinge (Beispiel: Phagozytose = Fresszellen machen die Eindringlinge unschädlich, indem sie sie „auffressen“). Die *spezifische, adaptive Immunabwehr* ist in der Lage, spezielle Strukturen (Antigene) auf der Oberfläche eines Eindringlings zu erkennen. Sie kann ihn daher gezielt mit spezifischen Abwehrmechanismen (z. B. der Bildung von Antikörpern) unschädlich machen. Siehe auch → B-Lymphozyten und → T-Lymphozyten.

Implementierung

Von *Implementierung* spricht man dann, wenn etwas, was zuvor geplant wurde, nun umgesetzt wird. Es kann sich dabei um Strukturen oder Prozessabläufe handeln. Bei der Umsetzung werden die festgelegten Rahmenbedingungen, Regeln und Zielvorgaben berücksichtigt.

Impotenz
Impotenz ist der Oberbegriff für (a) die Unfähigkeit, eine Erektion zu bekommen (erektile Dysfunktion), (b) die Unfähigkeit, einen Samenerguss zu bekommen (Anejakulation) und (c) die Zeugungsunfähigkeit (Impotentia generandi).

Insulin
Insulin ist ein Hormon der Bauchspeicheldrüse. Es wird in den β-Zellen der Bauchspeicheldrüse gebildet und senkt den Blutzuckerspiegel dadurch, dass es die Aufnahme von → Glukose (Traubenzucker) in die Zellen ermöglicht. Ein Mangel an Insulin und/oder die abgeschwächte Wirkung des Insulins führen zur Zuckerkrankheit (Diabetes mellitus).

IV-Kosten
IV-Kosten sind in der Schweiz Kosten, die im Rahmen der Invalidenversicherung (IV) entstehen. Ziel der Invalidenversicherung ist es, Versicherten bei langfristiger Arbeitsunfähigkeit (dann, wenn Invalidität eintritt) die Existenzgrundlage zu sichern. Dies geschieht mithilfe von Eingliederungsmaßnahmen in den Arbeitsmarkt oder mit finanziellen Leistungen.

Kampf- und Flucht-Reaktion
Der Begriff *„Kampf- und Flucht-Reaktion“* (Fight-or-flight) wurde von dem amerikanischen Physiologen *Cannon* geprägt. Er beschreibt die körperlichen und psychischen Reaktionen auf Gefahrensituationen im Rahmen einer Stressreaktion (→ Stress).

Katastrophisieren
Von *„Katastrophisieren“* spricht man dann, wenn ein Mensch unerwünschte oder negative Ereignisse stark überbewertet (aus jeder Mücke einen Elefanten machen; Beispiel: „Es wäre total schrecklich, wenn ...“).

Killerzellen
Killerzellen sind Zellen des → Immunsystems, die in der Lage sind, veränderte Körperzellen (z. B. Tumorzellen oder Zellen, die von Krankheitserregern befallen sind) zu erkennen und zu vernichten.

Kognition
Als *Kognition* bezeichnet man das „Denken“ im umfassenden Sinne. Hierzu gehören z. B. Erinnern, Lernen, Kreativität, Planen etc.

Kohlenhydrate
Zusammen mit den Fetten und den Eiweißen bilden die *Kohlenhydrate* den größten Teil unserer Nahrung. Sie entstehen durch Fotosynthese und spielen eine zentrale Rolle als Energieträger. Kurzkettige Kohlenhydrate mit süßem Geschmack werden als Zucker bezeichnet. Hierzu gehört u. a. der Traubenzucker (→ Glukose). Die auch in der Nahrung enthaltenen, vom Menschen nicht verwertbaren Kohlenhydrate nennt man Ballaststoffe.

Kompetenzen, sozialkommunikative

Zu den *sozialkommunikativen Kompetenzen* gehören die Fähigkeiten, die (a) der Verständigung und dem Austausch von Informationen und (b) dem Aufbau, der Gestaltung und dem Erhalt von sozialen Beziehungen dienen. Hierzu gehören z.B. die Fähigkeit, Grenzen zu setzen, „Nein" zu sagen, Unterstützung zu suchen und sich ein (berufliches und/ oder privates) Netzwerk aufzubauen.

Kontext

Als „*Kontext*" bezeichnet man den Zusammenhang, in dem eine Äußerung, eine Sache oder ein Situation steht. Kontextuelle Faktoren sind also Faktoren, die den Zusammenhang abbilden, in dem z.B. ein Mensch lebt oder in dem eine Maßnahme stattfindet.

Kontrollbedürfnis

Menschen mit einem übersteigerten *Kontrollbedürfnis* neigen dazu, andere Menschen und Dinge zu kontrollieren. Der Wunsch nach Kontrolle kann schließlich zur Kontrollsucht werden.

Koronare Herzkrankheit

Die *koronare Herzkrankheit* ist eine Erkrankung der Herzkranzgefäße (Koronararterien). Ursache ist meist eine arteriosklerotische Veränderung der Gefäßwand (→ arteriosklerotische Plaques), die zu einer Einengung des Lumens und schließlich zu einem Verschluss des Gefäßes führt. In der Folge kommt es zu einer Minderdurchblutung in dem von der Koronararterie versorgten Herzmuskelgebiet, bis hin zum Untergang des Gewebes (→ Nekrose). Siehe auch → Herzinfarkt.

Kortisol

Kortisol gehört zur Gruppe der → Glukokortikoide. Das → Hormon wird in der → Nebennierenrinde gebildet. Auslöser für die Ausschüttung ist das in der → Hypophyse gebildete → ACTH. Es aktiviert Stoffwechselvorgänge, über die dem Körper energiereiche Verbindungen zur Verfügung gestellt werden können. Daher spielt es eine wichtige Rolle im Rahmen der Stressreaktion (→ Stress). In der Medizin wird Kortisol häufig als Medikament genutzt, da es aufgrund seiner → immunsuppressiven Wirkung überschließende Immunreaktionen unterdrücken und Entzündungen hemmen kann.

Kosten

Im Gesundheitswesen spielen Ressourcenverbräuche (→ Ressourcen) in Form von *Kosten* eine große Rolle. Als *direkte Kosten* bezeichnet man hierbei die Kosten, die direkt durch eine Krankheit oder eine Behandlung entstehen. *Indirekte Kosten* sind solche Kosten, die v.a. durch Produktivitätsverluste entstehen (d.h. dadurch, dass ein Mensch infolge einer Erkrankung nicht mehr arbeiten und daher auch kein Geld mehr verdienen kann). *Intangible Kosten* können anders als die ersten beiden Kosten-Formen nur schwer gemessen und in Geld ausgedrückt werden (Beispiel: Ängste, die mit einer Krankheit verbunden sind). Siehe auch → Kosten-Nutzen-Bewertung.

Kosten-Nutzen-Bewertung

Die *Kosten-Nutzen-Bewertung* gesundheitsbezogener Leistungen ist eine der grundlegenden Fragen der Gesundheitsökonomie. Sie kann z. B. als Kosten-Minimierungs-Analyse (Ziel: minimale Kosten), als Kosten-Effektivitäts-Analyse (Ziel: maximale Effektivität), als Kosten-Nutzwert-Analyse (Ziel: bester Gesundheitszustand) oder als Kosten-Nutzen-Analyse (Ziel: maximaler gesundheitlicher Nutzen) durchgeführt werden. Siehe auch → Kosten.

Langzeit-Arbeitsunfähigkeit

Als *Langzeit-Arbeitsunfähigkeit* (Langzeit-AU) bezeichnet man in Deutschland eine Arbeitsunfähigkeit, die länger als sechs Wochen andauert. In den ersten sechs Wochen nach einer Krankmeldung wird der Lohn vom Arbeitgeber fortgezahlt, danach zahlt die Krankenkasse Krankengeld.

Lebensstil

Mit einer bestimmten Lebensführung signalisieren Menschen ihre Zugehörigkeit zu ihrer Statusgruppe. Sozialstrukturelle Bedingungen eröffnen oder verschließen den Menschen bestimmte Lebenschancen. Lebensführung und Lebenschancen bilden zusammen den *Lebensstil.*

Libidoverlust

Unter dem Begriff „Libido" versteht man heute allgemein die sexuelle Lust, das sexuelle Begehren. *Libidoverlust* meint damit also den Verlust des sexuellen Begehrens.

Limbisches System

Das *limbische System* ist eine saumförmige Struktur im Zentrum unseres Gehirns. Sie liegt um die Basalganglien und den Thalamus herum. Zum limbischen System gehören u. a. der → Hippocampus, der → Fornix und die → Amygdala. Im Zusammenspiel mit vielen anderen Hirnteilen ist das limbische System v. a. an der Entstehung von → Emotionen und Triebverhalten beteiligt.

Medialer präfrontaler Kortex (mPFC)

Der *präfrontale Kortex* (PFC) ist der am weitesten vorne liegende Teil des Stirnlappens des Gehirns. Der mittlere Teil dieses PFC wird als *medialer präfrontaler Kortex* bezeichnet. Der PFC ist verantwortlich für höhere Denkprozesse und bezieht dabei immer auch den aktuellen emotionalen Zustand (→ Emotion) des Menschen mit ein. Er ist von großer Bedeutung für die jeweilige Persönlichkeitsstruktur eines Menschen.

Migration

Im Bereich der Soziologie und von → Public Health versteht man unter *Migration* einen dauerhaften Wohnortwechsel von Menschen im geografischen und/oder im sozialen Raum. Werden dabei staatliche Grenzen überschritten, bezeichnet man dies als internationale Migration. Bei der internationalen Migration kommt es zu einer Auswanderung (Emigration) aus einem und zu einer Einwanderung (Immigration) in ein anderes Land.

Mobbing

Unter dem Begriff „*Mobbing*“ versteht man Verhaltensweisen, durch die man andere Menschen – meist ständig oder wiederholt und regelmäßig – schikanieren, quälen und seelisch verletzen möchte. Dies geschieht z. B. am Arbeitsplatz, in der Schule, im Internet oder auch an anderen Orten.

Monitoring

Als *Monitoring* bezeichnet man die systematische Erfassung (Protokollierung), Beobachtung oder Überwachung eines Vorgangs oder eines Prozesses. Beim Gesundheitsmonitoring werden Gesundheitsdaten systematisch erfasst. Dies geschieht z. B. durch regelmäßig wiederholte Befragungen und/oder durch regelmäßige Messung und Erfassung von Daten wie beispielsweise Größe, Gewicht etc.

Monozyten

Monozyten gehören zu den größten weißen Blutkörperchen (Leukozyten). Als Zellen des → Immunsystems zirkulieren sie im Blut und wandern nach kurzer Zeit in das Gewebe ein, wo sie sich zu Makrophagen („großen Fresszellen“) umwandeln.

Nebennierenmark

Die Nebennieren sitzen jeweils kappenartig auf den oberen Polen der beiden Nieren. Das *Nebennierenmark* (NNM) ist der nach innen gelegene Teil einer Nebenniere. Im NNM werden die beiden → Hormone → Adrenalin und → Noradrenalin gebildet, die im Rahmen der Stressreaktion eine große Rolle spielen. Siehe auch → Sympathikus-Nebennierenmark-Achse.

Nebennierenrinde

Die Nebennieren sitzen jeweils kappenartig auf den oberen Polen der beiden Nieren. Die *Nebennierenrinde* (NNR) ist der nach außen gelegene Teil einer Nebenniere. In der NNR werden u. a. die → Glukokortikoide wie z. B. das → Kortisol gebildet, die im Rahmen der Stressreaktion eine große Rolle spielen. Siehe auch → Hypothalamus-Hypophysen-Nebennierenrinden-Achse (HHN-Achse).

Negatives Feedback

Als *negatives Feedback* bezeichnet man die negative Rückkopplung in einem Regelkreis. Die Ausschüttung eines Produktes führt beispielsweise dazu, dass die Ausschüttung der Substanz, die die Ausschüttung dieses Produktes veranlasst hat, gebremst wird. Beispiel für eine negative Rückkopplung ist der hormonelle Regelkreis der Schilddrüsen-Hormone: TRH → TSH → T_3/T_4. Werden T_3/T_4 ausgeschüttet, sinkt das TSH.

Nekrose

Unter einer *Nekrose* versteht man einen Bereich von abgestorbenem Gewebe in einem lebenden Organismus. Aufgrund des Ausfalls der Zellfunktionen ist der Zelltod der betroffenen Zellen nicht mehr rückgängig zu machen.

Neurotransmitter

Als *Neurotransmitter* oder Nervenüberträgerstoffe bezeichnet man Botenstoffe, die eine Erregung von einer Nervenzelle auf eine andere Zelle übertragen. Der Übertragungsvorgang geschieht auf chemischem Wege. Übertragungsorte sind spezielle Synapsen. Die Neurotransmitter werden zuvor von der Nervenzelle gebildet und in den Spalt zwischen Nervenzelle und empfangender Zelle abgegeben. Sie docken dann an spezielle Empfangsorgane (Rezeptoren) an der Oberfläche der empfangenden Zelle an. Dies führt dazu, dass in der empfangenden Zelle wieder eine Erregung ausgelöst (oder diese gehemmt) wird.

Neutrophile Granulozyten

Neutrophile Granulozyten („Neutrophile") gehören zu den weißen Blutkörperchen (Leukozyten). Es sind spezialisierte Immunzellen, deren Aufgabe die Identifizierung und Zerstörung von möglichen Krankheitserregern (z.B. Bakterien) ist. Diese können sie als Fresszellen (Phagozyten) in sich aufnehmen und verdauen. Darüber hinaus enthalten sie auch kleine, körnchenförmige Strukturen mit verschiedenen Substanzen, die Erreger abtöten können.

Noradrenalin

Noradrenalin ist ein → Hormon und ein → Neurotransmitter (Nervenüberträgerstoff). Es wird im → Nebennierenmark, in den peripheren sympathischen Nervenzellen (→ Sympathisches Nervensystem) und im Locus caeruleus, einem Kerngebiet im Hirnstamm, produziert. Es ist chemisch mit dem → Adrenalin verwandt und regt v.a. das Herz-Kreislauf-System an.

Palliation

Unter *Palliation* oder palliativen Maßnahmen versteht man Maßnahmen, deren vordergründiges Ziel nicht der Erhalt, die Genesung oder die Wiederherstellung der normalen (Körper-)Funktion ist, sondern die Linderung von Leiden oder die bestmögliche Anpassung an die gegebenen Verhältnisse.

Panikattacken

Eine *Panikattacke* ist eine einzelne, plötzlich auftretende, starke, meist jedoch nur relativ kurz anhaltende körperliche und psychische Alarmreaktion (→ Kampf- und Flucht-Reaktion), ohne dass ein objektiver äußerer Anlass vorhanden ist. Die vegetativen Reaktionen (→ vegetative Symptome) im Körper werden als (lebens-)bedrohlich erlebt, was die Panik weiter verstärkt. Auslöser von Panikattacken sind meist automatisierte emotionale (→ Emotion) und gedankliche Fehlinterpretationen körperlicher Wahrnehmungen.

Parasympathisches Nervensystem

Das *parasympathische Nervensystem* (der Parasympathikus) ist Teil des → vegetativen Nervensystems. Seine Aufgabe ist die unwillkürliche Steuerung der Funktion der inneren Organe und des Blutkreislaufs. Dabei wirkt es in vielen Bereichen antagonistisch (→ Antagonist) zum → sympathischen Nervensystem, indem es Stoffwechselvorgänge anregt, Erholungsphasen einleitet und dem Aufbau von körpereigenen Reserven dient.

Perfektionismus

Als *Perfektionismus* bezeichnet man das übertriebene Streben nach möglichst großer Perfektion (Vollkommenheit) und unbedingter Fehlervermeidung. Ausgeprägter Perfektionismus wird mit zahlreichen psychischen Störungen in Verbindung gebracht (z. B. Anorexia nervosa, Bulimia nervosa, → Depression, Angst- und Zwangsstörungen). Als Auslöser wird jeweils der erhöhte innere → Dis-Stress bei Menschen mit Perfektionismus gesehen.

Personalisieren

Im Bereich der Psychologie versteht man unter dem Begriff „*Personalisieren*" eine Störung im Denken, bei der man die Ursache für ein bestimmtes Problem der eigenen Person zuschreibt, obwohl auch andere Personen oder andere Umstände dafür verantwortlich sein könnten.

Population

Der Begriff der *Population* bezeichnet zum einen eine Bevölkerung innerhalb bestimmter geografischer Grenzen. In der Statistik versteht man unter einer Population die im Rahmen einer Studie untersuchte Anzahl von Individuen (Grundgesamtheit).

Prävalenz

Die *Prävalenz* oder Krankheitshäufigkeit ist ein Maß für die zu einer bestimmten Zeit in einer definierten Bevölkerungsgruppe (→ Population) vorhandene Anzahl an Personen, die an einer bestimmten Krankheit erkrankt sind.

Prävention

Ziel der *Prävention* (Krankheitsverhütung) ist es, durch soziale oder medizinische Maßnahmen bzw. Verhaltensweisen die Gesundheit zu fördern und die Entstehung von gesundheitlichen Schädigungen zu verhindern (Primärprävention). Darüber hinaus verhindern präventive Maßnahmen das Fortschreiten einer bereits bestehenden Erkrankung (Sekundärprävention) und/oder vermeiden Folgeschäden (Tertiärprävention). Siehe auch → Verhaltensprävention, → Verhältnisprävention.

Priorisierung

Als „*Priorisierung*" bezeichnet man das Festlegen der Priorität (z. B. von Maßnahmen). Man stuft dabei nach dem Prinzip der Vorrangigkeit ein.

Prozessevaluation

Unter einer *Prozessevaluation* versteht man die Beschreibung und Bewertung der Entwicklung und Umsetzung eines Programms oder einer Maßnahme, wobei insbesondere die Stärken und Schwächen analysiert werden. Siehe auch → Evaluation, → Ergebnisevaluation.

Psychosomatische Störung

Psychosomatische Störungen werden auch als somatoforme Störungen bezeichnet. Hierbei treten körperliche Beschwerden auf, die nicht oder nicht in vollem Umfang auf eine organische Erkrankung zurückgeführt werden können. Typische Symptome sind Müdigkeit und Erschöpfung, aber auch Schmerzen, Herz-Kreislauf- und/oder Magen-Darm-Beschwerden sowie Symptome im sexuellen oder im neurologischen Bereich. Als Auslöser kommen verschiedene biologische, psychische und soziale Faktoren in Frage. Eine besondere Rolle können dabei → Stress, Angst und seelische Konflikte spielen.

Public Health

Public Health ist eine interdisziplinäre, anwendungsorientierte Wissenschaft, deren Schwerpunkte in den Bereichen → Prävention und → Gesundheitsförderung liegen. Sie bezieht sich dabei nicht auf das Individuum, sondern auf Personen- und Bevölkerungsgruppen. Grundlage ist ein bio-psycho-sozialer Forschungs- und Handlungsansatz.

Regenerative Maßnahmen

Im Gesundheitsbereich versteht man unter Regeneration die Rückgewinnung verbrauchter Kräfte. *Regenerative Maßnahmen* sind somit erholungsfördernde Maßnahmen.

Rehabilitation

Unter einer *Rehabilitation* (Reha) versteht man verschiedene Maßnahmen, die die (Wieder-)Eingliederung eines kranken oder behinderten Menschen in den Alltag oder das berufliche Leben fördern sollen.

Releasing-Hormone

Releasing-Hormone („Freisetzungs-Hormone") sind spezialisierte Eiweiße, die im → Hypothalamus gebildet werden. Sie werden über Blutgefäße zum vorderen Teil der → Hypophyse (zum Hypophysenvorderlappen) transportiert. Dort regen sie die Freisetzung verschiedener Hypophysen-Hormone (z.B. von → ACTH) an. Siehe auch → Hormone und → Hypothalamus-Hypophysen-Nebennierenrinden-Achse.

Repräsentativ

Eine empirische Untersuchung (→ Empirie) wird dann als *repräsentativ* bezeichnet, wenn das Ergebnis der Untersuchung Aussagen über eine Grundgesamtheit zulässt. Meist sind es Zufallsstichproben oder Quotenstichproben aus einer Grundgesamtheit, die dazu untersucht werden.

Resilienz

Unter dem Begriff „*Resilienz*" (psychische Widerstandsfähigkeit) versteht man die Fähigkeit, eine Krise mithilfe von persönlichen und sozial vermittelten → Ressourcen zu meistern und diesen Prozess für die eigene Entwicklung zu nutzen.

Ressource

Im Bereich von → Public Health versteht man unter *Ressourcen* Einflussfaktoren, die die Gesundheit eines Menschen fördern können. Man unterscheidet hierbei personale, soziale und materielle Ressourcen.

Risikofaktor

Als *Risikofaktor* bezeichnet man im Bereich der Medizin und von → Public Health eine bestimmte physiologische oder anatomische Eigenschaft, genetische Anlage (Prädisposition) oder Umweltkonstellation, die zu einer erhöhten Wahrscheinlichkeit für das Auftreten einer Erkrankung führen kann.

Schlaganfall

Ein *Schlaganfall* (Hirnschlag, Apoplexie) ist eine plötzlich auftretende Erkrankung des Gehirns, bei der es in der Regel zu einem bleibenden Funktionsausfall kommt. Die beiden häufigsten Ursachen sind die Minderversorgung eines Hirnteils mit Blut (z. B. aufgrund eines Blutgefäßverschlusses) und die Blutung in das Hirngewebe. Beides hat den Untergang von Hirngewebe zur Folge (→ Nekrose). Typische Symptome sind die Halbseitenlähmung, Gang-, Sprach-, Seh-, Wahrnehmungs- und Empfindungsstörungen, Kopfschmerzen, Schwindel und Übelkeit.

Selbstmanagement

Unter dem Begriff „*Selbstmanagement*" versteht man die Fähigkeit, mit deren Hilfe man sich bewusst und weitgehend unabhängig von äußeren Einflüssen persönlich und beruflich weiterentwickeln kann. Zu dieser Fähigkeit gehört es z. B., dass man sich selbst motivieren und Ziele setzen kann. Auch die Fähigkeit, das Geplante dann auch zu organisieren und umzusetzen, gehört dazu.

Serotonin

Serotonin ist ein → Neurotransmitter und ein Gewebshormon (→ Hormon). Es kommt unter anderem im → Zentralnervensystem (ZNS), in den Nerven des Magen-Darm-Traktes, im Herz-Kreislauf-System und im Blut vor. Serotonin beeinflusst den Blutdruck, die Magen-Darm-Tätigkeit und die Erregungsübertragung im → zentralen Nervensystem (ZNS).

Somatische Erkrankungen

Somatisch bedeutet „körperlich", „auf den Körper bezogen". *Somatische Erkrankungen* sind somit körperliche Krankheiten (im Gegensatz zu psychischen oder seelischen Störungen). Die Untergliederung in somatische und psychische Krankheiten geht von einem Dualismus von Körper und Psyche/Seele aus und berücksichtigt nicht, dass bei körperlichen Erkrankungen (fast) immer auch psychische Aspekte eine Rolle spielen und umgekehrt. Siehe auch → Psychosomatische Störungen.

Somatoforme Störung

Siehe → Psychosomatische Störung.

Sozioökonomischer Status

Der sozialwissenschaftliche Begriff *„sozioökonomischer Status“* (SoS oder SES) beinhaltet eine Reihe von Merkmalen im Hinblick auf die Lebensumstände der Menschen. Zu diesen Merkmalen gehören z. B. formale Bildung und Schulabschluss, Ausbildung und Studium, Beruf und Einkommen sowie Wohnort und Eigentumsverhältnisse.

Stationäre Behandlung

Als *stationäre Behandlung* bezeichnet man eine Behandlung in einem Krankenhaus oder einem Pflegeheim. Siehe auch → Ambulante Behandlung.

Stress

Im Bereich der Biologie bezeichnet man als *Stress* die durch spezifische Reize (→ Stressoren) hervorgerufenen psychischen und physischen Reaktionen eines Organismus. Diese Reaktionen sollen den Organismus dazu befähigen, erhöhte Anforderungen zu bewältigen. Stressoren können unspezifische Reize sein, wie z. B. Infektionen, Verletzungen, Strahleneinwirkungen, aber auch Krankheiten, lebensgeschichtliche Ereignisse und andere emotionale Belastungen. – Psychologen sehen im negativ gefärbten → (Dis-) Stress meist die Folge eines Missverhältnisses zwischen den Anforderungen, die an eine Person gestellt werden, und den Möglichkeiten und Fähigkeiten dieser Person, diese Anforderungen zu kontrollieren bzw. zu bewältigen (→ Coping). Der betroffene Mensch erlebt dieses Ungleichgewicht als unangenehm.

Stressbewältigung

Siehe → Coping, → Transaktionales Stressbewältigungsmodell und → Anforderungs-Ressourcen-Modell.

Stressindikatoren

Indikatoren geben Hinweise auf bestimmte Sachverhalte oder Ereignisse. Anhand von *Stressindikatoren* kann somit auf das Vorhandensein von Stress geschlossen werden.

Stressoren

Stressoren sind unspezifische Reize (z. B. Infektionen, Verletzungen, Strahleneinwirkungen, aber auch Krankheiten, lebensgeschichtliche Ereignisse und andere emotionale Belastungen), die im Rahmen einer Stressreaktion (→ Stress) bestimmte psychische und physische Vorgänge im Organismus auslösen. Diese Vorgänge sollen den Organismus in die Lage versetzen, die erhöhten Anforderungen zu bewältigen. Stressoren, also stressauslösende Faktoren, können individuell sehr unterschiedlich sein.

Stressverstärker

Eine aktuelle Stresssituation (→ Stress) kann durch persönliche *Stressverstärker* verschärft werden. Hierunter versteht man persönliche Einstellungen und Motive, aber auch Erfahrungen, die man früher schon einmal gemacht hat, daraus folgende Bewertungen von Situationen sowie Ansprüche an sich selbst. Hierzu gehören neben einem Stress verstärkenden Denkstil z. B. das Neigen zu Perfektionismus und zu einer „Einzelkämpfer“-

Mentalität, zur Ungeduld und dazu, alles auf einmal (machen) zu wollen. Aber auch die Neigung, es allen recht machen zu wollen und die Einstellungen der Hilflosigkeit („Opferhaltung“) zählen dazu.

Substanzmissbrauch

Als *Substanzmissbrauch* bezeichnet man die chronische oder übermäßige Anwendung von Drogen im weitesten Sinne, d.h. von legalen und illegalen Drogen im engeren Sinne (z.B. Alkohol, Cannabis, Kokain, Heroin) sowie von Medikamenten und anderen Pharmaka, ohne dass ein medizinischer Grund besteht. In der Regel sind es psychotrope Substanzen, die hierfür verwendet werden, da sie eine bestimmte, vom Konsumenten gewünschte Wirkung auf die Psyche haben. Ein Substanzmissbrauch ist nicht in jedem Fall identisch mit einer Substanzabhängigkeit. Es muss also nicht unbedingt zu einer Toleranzentwicklung, zu Entzugssymptomen oder zum zwanghaften Substanzgebrauch kommen. Allerdings treten durch Substanzmissbrauch andere schädliche Folgen auf (z.B. Leberverfettung oder Leberzirrhose bei chronischem Alkoholkonsum).

Suizid

Der Begriff „*Suizid*“ (Selbsttötung, Selbstmord, Freitod) bezeichnet die vorsätzliche Beendigung des eigenen Lebens. Hierbei unterscheidet man Methoden, bei denen das eigene Leben aktiv beendet wird (z.B. Erschießen, Erhängen, Tabletten einnehmen, von einer Brücke springen), von Methoden, die den eigenen Tod passiv herbeiführen (z.B. das Verweigern von Nahrung und Flüssigkeit oder von lebensnotwendigen Medikamenten).

Sympathisches Nervensystem (Sympathikus)

Das *sympathische Nervensystem* (der Sympathikus) ist Teil des → vegetativen Nervensystems. Seine Aufgabe ist die unwillkürliche Steuerung der Funktion der inneren Organe und des Blutkreislaufs. Dabei wirkt es in vielen Bereichen antagonistisch (→ Antagonist) zum → parasympathischen Nervensystem, indem es die nach außen gerichtete Aktionsfähigkeit des Organismus erhöht. Herz und Lunge arbeiten verstärkt, es wird vermehrt Energie und Sauerstoff zur Verfügung gestellt, Muskeln werden besser durchblutet etc.

Sympathikus-Nebennierenmark-Achse (SNN-Achse)

Im Rahmen einer Stressreaktion (→ Stress) wird der Körper über das → sympathische Nervensystem in Alarmbereitschaft versetzt. Parallel dazu aktiviert der Sympathikus das → Nebennierenmark. Dort werden im Rahmen der *Sympathikus-Nebennierenmark-Achse* vermehrt → Adrenalin und → Noradrenalin gebildet und an das Blut abgegeben. Dies verstärkt die die Sympathikus-Wirkung im Körper.

Symptome, unspezifische

Als *unspezifische Symptome* bezeichnet man Krankheitszeichen, die nicht nur für eine bestimmte Krankheit charakteristisch/eigentümlich sind. So können z.B. Fieber, Kopfschmerzen oder Müdigkeit bei vielen verschiedenen Krankheiten vorkommen.

Telomere

Als *Telomere* bezeichnet man die Endstücke der → Chromosomen. Sie bestehen aus mehreren Tausend DNA-Bausteinen, die sich wiederholen. Bei jeder Verdoppelung der DNA im Rahmen der Zellteilung geht ein Stück eines Telomers verloren. Da dies durch das Enzym Telomerase nur zum Teil wieder ausgeglichen werden kann, werden die Telomere mit zunehmendem Alter immer kürzer.

T-Lymphozyten

T-Lymphozyten (T-Zellen) sind spezifische weiße Blutzellen (Leukozyten), die im Rahmen der Immunabwehr körperfremde Antigene erkennen und unschädlich machen. Sie reifen im Thymus heran (daher das T in ihrem Namen). Siehe auch → B-Lymphozyten und → Immunsystem.

Transaktionales Stressbewältigungsmodell

Das *transaktionale Stressbewältigungsmodell* nach *Lazarus* beschreibt Stresssituationen als komplexe Wechselwirkungsprozesse zwischen den Anforderungen einer Situation und der darin handelnden Person. Wichtig sind dabei die jeweiligen Bewältigungsmöglichkeiten (→ Ressourcen), die der betroffenen Person zur Verfügung stehen. Im Rahmen dieses Prozesses kommt es zu einer primären und einer sekundären Bewertung der Situation. Stehen der Person nicht ausreichende Ressourcen zur Verfügung, um die Situation zu bewältigen, gerät sie in Stress. Hier helfen dann → Coping-Maßnahmen, mit deren Hilfe sie lernt, dass eine Verhaltensweise in einer solchen Situation mehr oder weniger erfolgreich sein kann.

Tumorzellen

Mit dem Begriff „*Tumorzellen*" sind in der Regel bösartige (maligne) Zellen gemeint, die durch eine Fehlregulation des Zellwachstums entstehen. Anders als normale Zellen wachsen sie ohne Rücksicht auf das umgebende Gewebe und zerstören es.

Vegetatives Nervensystem

Das *vegetative Nervensystem* (Eingeweidenervensystem) besteht aus Sympathikus (→ sympathisches Nervensystem) und Parasympathikus (→ parasympathisches Nervensystem). Es steuert die Funktion der meisten inneren Organe und des Blutkreislaufs.

Vegetative Symptome

Vegetative Symptome sind Krankheitszeichen, die bei Störungen des → vegetativen Nervensystems auftreten. Typisch hierfür sind z. B. Schwindelgefühle, verstärktes Schwitzen, Zittern, Herzklopfen und Atemnot.

Verhaltensprävention

Maßnahmen der *Verhaltensprävention* sind darauf ausgerichtet, das Verhalten der Menschen so zu beeinflussen, dass es ihrer Gesundheit dient. Da das individuelle Handeln und Verhalten der Menschen insbesondere bei der Entstehung chronischer Erkrankungen eine bedeutende Rolle spielt (Beispiele: Rauchen, ungesunde Ernährung, Bewegungsmangel), kann auf diese Weise ihre Erkrankungswahrscheinlichkeit sinken. Siehe auch → Prävention, → Verhältnisprävention, → Risikofaktor.

Verhältnisprävention
Verhältnisprävention will die Gesundheit von Menschen dadurch verbessern, dass sie ihre Umwelt sowie ihre Lebens- und Arbeitsbedingungen positiv beeinflusst. Auf diese Weise sollen Gefahren, die möglicherweise von solchen Bedingungen ausgehen, abgewendet werden (Beispiele: Bekämpfung der Luftverschmutzung, Angebot gesünderer Nahrung in der Kantine, Ausbau des Fahrradwegenetzes in einer Stadt). Siehe auch → Prävention, → Verhaltensprävention, → Risikofaktor.

Verlorene Erwerbstätigkeitsjahre
Nach Angaben des deutschen Statistischen Bundesamtes werden bei der Krankheitskostenrechnung die *verlorenen Erwerbstätigkeitsjahre* als kalkulatorische Kennzahl berechnet, da hier neben den direkten, d.h. in Geld ausgedrückten Krankheitskosten (→ Kosten, direkte) aus volkswirtschaftlicher Sicht auch noch weitere mögliche Verluste als Folge von Krankheit anfallen. Solche Verluste entstehen durch Arbeitsunfähigkeit, Invalidität oder vorzeitigen Tod der erwerbstätigen Bevölkerung. Sie werden in Form von verlorenen Erwerbstätigkeitsjahren unter Berücksichtigung der jeweils im Jahr aktuellen Erwerbstätigkeitsquoten berechnet.

World Health Organization (WHO)
Die 1948 gegründete *Weltgesundheitsorganisation* ist eine Sonderorganisation der Vereinten Nationen (UN). Als Koordinationsbehörde für das internationale öffentliche Gesundheitswesen unterstützt sie Entwicklungsländer beim Aufbau von Gesundheitssystemen und koordiniert nationale und internationale Aktivitäten, wie z.B. globale Impfprogramme und Programme gegen übertragbare Krankheiten, Rauchen oder Übergewicht. Ein weiterer Schwerpunkt ist die weltweite Erhebung und Analyse von Gesundheits- und Krankheitsdaten.

Zentrales Nervensystem (ZNS)
Das *zentrale Nervensystem* (Zentralnervensystem, ZNS) ist Teil des Nervensystems des Menschen. Es setzt sich aus Gehirn und Rückenmark zusammen und ist eng mit dem peripheren Nervensystem (d.h. den peripheren Nerven im Körper des Menschen) verbunden. Das zentrale Nervensystem bildet zusammen mit dem Hormonsystem die Steuerungszentrale des Organismus. Es kann Reize von außen aufnehmen, sie verarbeiten, koordinieren und auf sie reagieren. Es kann aber auch selbstständig Impulse bilden, verarbeiten und aussenden.

Zyklusstörungen
Als *Zyklusstörungen* bezeichnet man eine Abweichung vom normalen Menstruationszyklus einer Frau. Diese Störung kann die Stärke und/oder die Dauer der Monatsblutungen betreffen.

Zynismus

Umgangssprachlich bedeutet *Zynismus* heute eine Haltung sowie eine Denk- und Handlungsweise, die durch beißenden Spott geprägt ist. Oftmals werden dabei gesellschaftliche Konventionen und/oder die Gefühle anderer Personen bewusst missachtet.

95 %-Vertrauensintervall

Das *95 %-Vertrauensintervall* (VI, Konfidenz-Intervall) gibt in der Statistik die Zuverlässigkeit (Präzision) der Lageschätzung eines Parameters – wie z. B. eines Mittelwertes – an. Es ist der Bereich, der dann, wenn ein Zufallsexperiment unendlich häufig wiederholt wird, mit einer bestimmten Häufigkeit (hier: dem Konfidenzniveau von 95 %) die wahre Lage des Parameters einschließt.

10 Literaturhinweise

10.1 Weiterführende Literatur

Bauer J. Burnout bei schulischen Lehrkräften. PID (Psychotherapie im Dialog) 2009; 10(3): 251–255. Im Internet: http://www.psychotherapie-prof-bauer.de/lehrergesundheit.pdf (Zugriff: 18.12.2016)

Blümel S. Systematisches Anforderungs-Ressourcen-Modell in der Gesundheitsförderung. In: BZgA (Bundeszentrale für gesundheitliche Aufklärung). Leitbegriffe der Gesundheitsförderung; letzte Aktualisierung am 25.08.2010. Im Internet: http://www.bzga.de/leitbegriffe/?id=angebote&idx=1 (Zugriff: 18.12.2016)

BMAS (Bundesministerium für Arbeit und Soziales). „Stark werden gegen Stress in der Arbeitswelt". Pressemitteilung vom 29.01.2013. Im Internet: http://presseservice.pressrelations.de/pressemitteilung/stark-werden-gegen-stress-in-der-arbeitswelt-520953.html (Zugriff: 18.12.2016)

Bolliger-Salzmann H. Emotionale Klarheit. hbs Verlag, 2014

Bolliger-Salzmann H. Stress und Stressbewältigung. In: Egger M, Razum O (Hrsg.). Public Health. Sozial- und Präventivmedizin kompakt; 2. Aufl. De Gruyter, 2014, S. 146–149

BPtK (Bundespsychotherapeutenkammer). BPtK-Studie zur Arbeitsunfähigkeit – Psychische Erkrankungen und Burnout 2012. Im Internet: http://www.bptk.de/uploads/media/20120606_AU-Studie-2012.pdf (Zugriff: 18.12.2016)

BPtK (Bundespsychotherapeutenkammer). BPtK-Studie zur Arbeits- und Erwerbsunfähigkeit – Psychische Erkrankungen und gesundheitsbedingte Frühverrentung 2013. Im Internet: http://www.bptk.de/uploads/media/20140128_BPtK-Studie_zur_Arbeits-und_Erwerbsunfaehigkeit_2013_1.pdf (Zugriff: 18.12.2016)

Caldji C, Hellstrom IC, Zhang TY et al. Environmental regulation of the neural epigenome. FEBS Lett. 2011; 585(13): 2049–2058; doi: 10.1016/j.febslet.2011.03.032. Im Internet: http://www.ncbi.nlm.nih.gov/pubmed/21420958 (Zugriff: 18.12.2016)

Cox T, Rial-Gonzáles E. Arbeitsbedingter Stress: Das europäische Bild. In: Europäische Agentur für Sicherheit und Gesundheitsschutz am Arbeitsplatz. Stress lass nach! Magazin 5, 2002. Im Internet: https://osha.europa.eu/de/tools-and-publications/publications/magazine/5 (Zugriff: 18.12.2016)

Deutscher Bundestag. 17. Wahlperiode. Antwort der Bundesregierung auf die Kleine Anfrage der Abgeordneten Jutta Krellmann et al. (Drucksache 17/9478) vom 30.04.2014 zum Thema „Psychische Belastungen in der Arbeitswelt". Im Internet: http://dipbt.bundestag.de/dip21/btd/17/094/1709478.pdf (Zugriff: 18.12.2016)

Driller E. Burnout in helfenden Berufen – Welchen Einfluss haben Kollegen und Vorgesetzte? PowerPoint-Präsentation o.J. Im Internet: http://www.bgm-bielefeld.de/downloads/ws101011bgm0004.pdf (Zugriff: 18.12.2016)

Freudenberger H. Staff Burn-Out. J Soc Issues 1974; 30(1): 159–165

Friemel S, Bernert S, Angermeyer MC et al. Die direkten Kosten von depressiven Erkrankungen in Deutschland – Ergebnisse aus dem European Study of the Epidemiology of Mental Disorders (ESEMeD) Projekt. Psychiat Prax 2005; 32: 113–121

Gesundheitsförderung Schweiz. Stress-Befragungsinstrument S-Tool. Im Internet: http://gesundheitsfoerderung.ch/wirtschaft/produkte-und-dienstleistungen/s-tool.html und https://www.s-tool.ch/ (Zugriff: 18.12.2016)

Grebner S, Berlowitz I, Alvarado V et al. Stressstudie 2010 – Stress bei Schweizer Erwerbstätigen. Staatssekretariat für Wirtschaft SECO 2010. Im Internet: http://www.news.admin.ch/NSBSubscriber/message/attachments/24101.pdf (Zugriff: 18.12.2016)

Habermann-Horstmeier L. Gesundheitsförderung und Prävention. Kompaktreihe Gesundheitswissenschaften Band 2. Bern: Hogrefe Verlag, 2017

Habermann-Horstmeier L. Public Health. Kompaktreihe Gesundheitswissenschaften Band 1. Bern: Hogrefe Verlag, 2016

Habermann-Horstmeier L, Limbeck K. Burnout-Gefährdung in der Behindertenarbeit – Subjektive Gesundheitseinschätzungen der Beschäftigten geben Hinweise. Prävention und Gesundheitsförderung 2016; 1–14; First online: 20 July 2016; DOI 10.1007/s11553-016-0553-2. Im Internet: http://link.springer.com/article/10.1007/s11553-016-0553-2?wt_mc=Internal.Event.1.SEM.ArticleAuthorOnlineFirst (Zugriff: 18.12.2016)

Hakanen JJ, Schaufeli WB. Do burnout and work engagement predict depressive symptoms and life satisfaction? A three-wave seven-year prospective study. J Affect Disorders 2012; 141: 415–424. Im Internet: http://www.wilmarschaufeli.nl/publications/Schaufeli/386.pdf (Zugriff: 18.12.2016)

Hapke U, Maske UE, Scheidt-Nave C et al. Chronischer Stress bei Erwachsenen in Deutschland. Ergebnisse der Studie zur Gesundheit Erwachsener in Deutschland (DEGS1). Bundesgesundheitsblatt 2013; 56: 749–754. Im Internet: http://edoc.rki.de/oa/articles/re4jxGWhL5gE/PDF/21xYyCjlzhAzM.pdf (Zugriff: 18.12.2016)

Heidt T, Sager HB, Courties G et al. Chronic variable stress activates hematopoietic stem cells. Nat Med 2014; 20: 754–758; doi:10.1038/nm.3589. Im Internet: http://www.nature.com/nm/journal/v20/n7/abs/nm.3589.html (Zugriff: 18.12.2016)

Kaluza G. Stressbewältigung: Trainingsmanual zur psychologischen Gesundheitsförderung. Springer Verlag, 3. Aufl. 2015

Kiecolt-Glaser JK, Gouin JP, Weng NP et al. Childhood adversity heightens the impact of later-life caregiving stress on telomere length and inflammation. Psychosom Med 2011; 73(1): 16–22. doi: 10.1097/PSY.0b013e31820573b6. Im Internet: http://www.ncbi.nlm.nih.gov/pubmed/21148804 (Zugriff: 18.12.2016)

Kordt M (DAK Forschung). Analyse der Arbeitsunfähigkeitsdaten. DAK-Gesundheitsreport 2014. Die Rushhour des Lebens. Gesundheit im Spannungsfeld von Job, Karriere und Familie. Hamburg: DAK, Februar 2014. Im Internet: https://www.dak.de/dak/bundes-themen/Gesundheitsreport_2014-1374224.html → Report zum Download (Zugriff: 19.01.2017)

Kozlowska O, Sallah D, Galasinski D. Migration, Stress and Mental Health: An Exploratory Study of Post-accession Polish Immigrants to the United Kingdom. Centre for Health and Social Care Improvement & History and Governance Research Institute, University of Wolverhampton, September 2008

Läubli T, Schmid K, Habermann-Horstmeier L. Betriebliches Gesundheitsmanagement. In: Egger M, Razum O (Hrsg.). Public Health. Sozial- und Präventivmedizin kompakt, 2. Aufl. De Gruyter, 2014, 231–236

Lehmann MI, Herkenham M. Environmental Enrichment Confers Stress Resiliency to Social Defeat through an Infralimbic Cortex-Dependent Neuroanatomical Pathway. J Neurosci 2011; 31: 6159–6173

Lohmann-Haislah A. Stressreport Deutschland 2012. Psychische Anforderungen, Ressourcen und Befinden, 1. Aufl. 2012. Dortmund: Bundesanstalt für Arbeitsschutz und Arbeitsmedizin. Im Internet: http://www.baua.de/de/Publikationen/Fachbeitraege/Gd68.pdf?__blob=publicationFile&v=17 (Zugriff: 18.12.2016)

Löhmer C, Standhardt R. Die Kunst, im Alltag zu entspannen: Einübung in die Progressive Muskelentspannung. Klett-Cotta, 5. Aufl. 2014

Milczarek M, Schneider E, Rail Gonzáles E. European Risk Observatory Report No 9. Stress at work – facts and figures. Im Internet: https://osha.europa.eu/en/tools-and-publications/publications/reports/TE-81-08-478-EN-C_OSH_in_figures_stress_at_work (Zugriff: 18.12.2016)

ÖBVP (Österreichischer Bundesverband für Psychotherapie). Information zur Burnout-Symptomatik. Im Internet: http://www.psychotherapie.at/sites/default/files/files/patientinnen/Psychische-Erkrankungen-Infoblatt-Burnout.pdf (Zugriff: 18.12.2016)

Osterkamp J. Arteriosklerose – Wie chronischer Stress das Herzinfarktrisiko erhöht. News vom 23.06.2014, Spektrum.de. Im Internet: http://www.spektrum.de/news/wie-chronischer-stress-das-herzinfarktrisiko-erhoeht/1296434 (Zugriff: 18.12.2016)

Peters A. Das egoistische Gehirn: Warum unser Kopf Diäten sabotiert und gegen den eigenen Körper kämpft. Berlin: Ullstein, 2011; oder Peters et al. The selfish brain: competition for energy resources. DOI: 10.1016/j.neubiorev.2004.03.002

Projektgruppe „Streß" der BAuA (Bundesanstalt für Arbeitsschutz und Arbeitsmedizin) und BKK Essen. Gesundheitsschutz 20: Streß im Betrieb – Handlungshilfen für die Praxis, 4. korr. Aufl. Mai 2001. Dortmund: Bundesanstalt für Arbeitsschutz und Arbeitsmedizin. Im Internet: http://www.baua.de/de/Publikationen/Broschueren/Gesundheitsschutz/Gs20.pdf?__blob=publicationFile&v=9 (Zugriff: 18.12.2016)

Ramaciotti D, Perrinard J. Die Kosten des Stresses in der Schweiz. Staatssekretariat für Wirtschaft SECO; letzte Änderung: 05.08.2003. Im Internet: https://www.seco.admin.ch/seco/de/home/Publikationen_Dienstleistungen/Publikationen_und_Formulare/Arbeit/Arbeitsbedingungen/Studien_und_Berichte/die-kosten-des-stresses-in-der-schweiz.html (Zugriff: 18.12.2016)

Roberts C. Von der Theorie in die Praxis. In: Europäische Agentur für Sicherheit und Gesundheitsschutz am Arbeitsplatz. Stress lass nach! Magazin 5, 2002. Im Internet: https://osha.europa.eu/de/publications/magazine/5 (Zugriff: 18.12.2016)

Salize HJ, Stamm K, Schubert M et al. Behandlungskosten von Patienten mit Depressionsdiagnose in haus- und fachärztlicher Versorgung in Deutschland. Psychiat Prax 2004; 31: 147–156

Sandmeyer P, Sadre-Chirazi-Stark M. Spezial: Stress – Ötzis Erbe. Gehirn & Geist 2004; 2: 38–42

Schäfers ATU. Gehirn und Lernen. Im Internet: http://www.gehirnlernen.de (Zugriff: 18.12.2016)

Schneider F, Dreer E. Volkswirtschaftliche Analyse eines rechtzeitigen Erkennens von Burnout. Institut Wirtschaftsstandort OÖ (IWS), Johannes Kepler Universität Linz (JKU), 04. Dezember 2013. Im Internet: http://download.opwz.com/wai/Studie_UNI_Linz_Burnout_Volkswirtschaft_041213.pdf (Zugriff: 18.12.2016)

Stamatakis J. Stress abbauen – Warum fühlen wir uns nach dem Sport besser? Spektrum.de, NaKlar! vom 07.05.2014. Im Internet: http://www.spektrum.de/frage/warum-fuehlen-wir-uns-nach-dem-sport-besser/1257393 (Zugriff: 18.12.2016)

Sun H, Kennedy PJ, Nestler EJ. Epigenetics of the depressed brain: role of histone acetylation and methylation. Neuropsychopharmacol 2013; 38(1): 124–137; doi: 10.1038/npp. 2012.73. Im Internet: http://www.ncbi.nlm.nih.gov/pubmed/22692567 (Zugriff: 18.12.2016)

Tinghög P. Migration, Stress and Mental Ill Health. Post-migration Factors and Experiences in the Swedish Context. Dissertation at the Linköping University, Faculty of Arts and Sciences, Department of Medical and Health Sciences, 2009. Im Internet: http://liu.diva-portal.org/smash/get/diva2:216798/FULLTEXT01.pdf (Zugriff: 18.12.2016)

TK (Techniker Krankenkasse). Bleib locker, Deutschland! TK-Studie zur Stresslage der Nation 2013. Im Internet: https://www.deutsche-digitale-bibliothek.de/item/7-KOHYLCWIR746HUSKCC24JAN6NL3LS3H (Zugriff: 19.01.2017)

TK (Techniker Krankenkasse). Entspann dich, Deutschland. TK-Stressstudie 2016. Im Internet: https://www.tk.de/tk/broschueren-und-mehr/studien-und-auswertungen/tk-stressstudie_2016/919764 (Zugriff: 19.01.2017)

TK (Techniker Krankenkasse). Stress – Wie Sie Stressoren erkennen und Belastungen besser bewältigen können; 23. Aufl. 2013. Im Internet: http://www.tk.de/centaurus/servlet/contentblob/48660/Datei/1721/TK-Broschuere-Der-Stress.pdf (Zugriff: 18.12.2016)

Wang M, Perova Z, Arenkiel BR et al. Synaptic Modifications in the Medial Prefrontal Cortex in Susceptibility and Resilience to Stress. J Neurosci 2014; 34: 7485–7492. Im Internet: http://www.jneurosci.org/content/34/22/7485.abstract (Zugriff: 18.12.2016)

Weber A, Weltle D, Lederer P. Zur Problematik krankheitsbedingter Frühpensionierungen von Gymnasiallehrkräften. Versicherungsmedizin 2002; 54(2): 75–83. Im Internet: http://www.ncbi.nlm.nih.gov/pubmed/12094466?dopt=Abstract (Zugriff: 18.12.2016)

Weber A. Krankheitsbedingter vorzeitiger Berufsausstieg bei Lehrer/-innen; PowerPoint-Präsentation o. J. Im Internet: http://docplayer.org/16925215-Krankheitsbedingter-vorzeitiger-berufsausstieg-bei-lehrern-innen.html (Zugriff: 18.12.2016)

Wegner M, Helmich I, Machado S et al. Effects of exercise on anxiety and depression disorders: review of meta-analyses and neurobiological mechanisms. CNS Neurol Disord Drug Targets 2014; 13(6): 1002–1014

Wittchen HU, Jacobi F, Klose M et al. Verlorene Erwerbstätigkeitsjahre in 1.000 Jahren für Deutschland 2006. In: Robert Koch-Institut (RKI) Gesundheitsberichterstattung des Bundes, Heft 51 – Depressive Erkrankungen 2010. Im Internet: http://www.gbe-bund.de/gbe10/ergebnisse.prc_tab?fid=13165&suchstring=&query_id=&sprache=D&fund_typ=TXT&methode=&vt=&verwandte=1&page_ret=0&seite=1&p_lfd_nr=7&p_news=&p_sprachkz=D&p_uid=gastd&p_aid=12690662&hlp_nr=2&p_janein=J#Kap6.3 (Zugriff: 18.12.2016)

ZfKJ (Zentrum für Kinder- und Jugendforschung). Definition Resilienz. EH Freiburg. Im Internet: http://www.resilienz-freiburg.de/index.php/was-ist-resilienz/definition-und-merkmale (Zugriff: 18.12.2016)

10.2 Links

Weitere Informationen zum Thema Stress:

- http://www.stressnostress.ch
- http://www.suva.ch/startseite-suva/praevention-suva/arbeit-suva/gefahren-filter-suva/stress-suva/filter-detail-suva.htm
- http://www.baua.de/de/Themen-von-A-Z/Psychische-Gesundheit-Stress/Psychische-Gesundheit-Stress.html
- http://psyga.info/ueber-psyga/materialien/handlungshilfe-fuer-beschaeftigte/
- http://www.bmas.de/SharedDocs/Downloads/DE/PDF-Publikationen/a-449-gemeinsame-erklaerung-psychische-gesundheit-arbeitswelt.pdf?__blob=publicationFile&v=2
- http://www.bmas.de/DE/Themen/Arbeitsschutz/Gesundheit-am-Arbeitsplatz/Psychische-Gesundheit-Arbeitsplatz/psychische-gesundheit.html
- https://www.arbeiterkammer.at/beratung/ArbeitundGesundheit/psychischebelastungen/Stress_am_Arbeitsplatz_.html
- http://www.statistik.at/web_de/presse/079731.html

(Zugriff jeweils 18.12.2016)

Videos:

- AOK Rheinland/Hamburg: Stress am Arbeitsplatz. http://www.youtube.com/watch?v=7hsnGIoPB1E
- Bundesministerium für Arbeit und Soziales: Psychische Gesundheit in der Arbeitswelt. http://www.bmas.de/DE/Themen/Schwerpunkte/Psychische-Gesundheit-Arbeitsplatz/inhalt.html;jsessionid=228D9CC3480283A9CDCD213DF445AE49
- Deutsche Welle – Journal: Stress am Arbeitsplatz steigt. http://www.youtube.com/watch?v=2Fzb63g79Ao

- National Geographic: The Science of Stress. http://www.youtube.com/watch?v=ZyBsy5SQxqU
- Promotion Santé Suisse (Gesundheitsförderung Schweiz): Stress am Arbeitsplatz. http://www.youtube.com/watch?v=6nWbif7H4xA

(Zugriff jeweils 18.12.2016)

11 Linkverzeichnis

[1] https://www.google.de/trends/explore#q=Burnout&cmpt=q (Zugriff: 17.12.2016)

[2] http://www.news.admin.ch/NSBSubscriber/message/attachments/24101.pdf (Zugriff: 17.12.2016)

[3] http://edoc.rki.de/oa/articles/re4jxGWhL5gE/PDF/21xYyCjlzhAzM.pdf (Zugriff: 17.12.2016)

[4] http://de.wikipedia.org/wiki/Tiger#mediaviewer/Datei:Amur_Tiger_Panthera_tigris_altaica_Cub_2184px.jpg (Zugriff: 17.12.2016)

[5] http://physiologie.cc/XVI.6.htm (Zugriff: 17.12.2016)

[6] http://www.gehirnlernen.de/gehirn/das-limbische-system-oder-das-s%C3%A4ugergehirn/ (Zugriff: 17.01.2017)

[7] http://de.wikipedia.org/wiki/Gehirn#mediaviewerDatei:Labeledbrain.jpg (Zugriff: 17.12.2016)

[8] http://de.wikipedia.org/wiki/Stressmodell_von_Lazarus#mediaviewer Datei:Stressmodell_von_Richard_Lazarus.png (Zugriff: 17.12.2016)

[9] https://www.youtube.com/watch?v=2Fzb63g79Ao (Zugriff: 17.12.2016)

[10] http://www.nature.com/nm/journal/v20/n7/abs/nm.3589.html#affil-auth (Zugriff: 17.12.2016)

[11] http://www.ncbi.nlm.nih.gov/pmc/articles/PMC3051180/figure/F1/ (Zugriff: 17.12.2016)

[12] https://www.youtube.com/watch?v=ZyBsy5SQxqU (Zugriff: 17.12.2016)

[13] http://www.resilienz-freiburg.de/index.php/was-ist-resilienz/definition-und-merkmale (Zugriff: 17.12.2016)

[14] https://www.youtube.com/watch?v=MhF41zzy2RE (Zugriff: 17.12.2016)

[15] http://www.psychotherapie.at/sites/default/files/files/patientinnen/Psychische-Erkrankungen-Infoblatt-Burnout.pdf (Zugriff: 17.12.2016)

[16] http://www.bptk.de/uploads/media/20120606_AU-Studie-2012.pdf (Zugriff: 17.12.2016)

[17] http://www.bptk.de/uploads/media/20140128_BPtK-Studie_zur_Arbeits-und_Erwerbsunfaehigkeit_2013_1.pdf (Zugriff: 17.12.2016)

[18] http://www.gbe-bund.de/gbe10/ergebnisse.prc_tab?fid=13165&suchstring=&query_id=&sprache=D&fund_typ=TXT&methode=&vt=&verwandte=1&page_ret=0&seite=1&p_lfd_nr=7&p_news=&p_sprachkz=D&p_uid=gast&p_aid=36166484&hlp_nr=2&p_janein=J#Kap6.3 (Zugriff: 18.12.2016)

[19] https://www.seco.admin.ch/seco/de/home/Publikationen_Dienstleistungen/Publikationen_und_Formulare/Arbeit/Arbeitsbedingungen/Studien_und_Berichte/die-kosten-des-stresses-in-der-schweiz.html (Zugriff: 18.12.2016)

[20] https://www.seco.admin.ch/seco/de/home/Publikationen_Dienstleistungen/Publikationen_und_Formulare/Arbeit/Arbeitsbedingungen/Studien und Berichte/stressstudie-2010--stress-bei-schweizer-erwerbstaetigen---zusamm.html (Zugriff: 18.12.2016)

[21] https://www.s-tool.ch/teaser_survey (Zugriff: 18.12.2016)

[22] http://www.tk.de/centaurus/servlet/contentblob/48660/Datei/1721/TK-Broschuere-Der-Stress.pdf (Zugriff: 18.12.2016)

[23] https://www.youtube.com/watch?v=7hsnGIoPB1E (Zugriff: 18.12.2016)

[24] https://www.youtube.com/watch?v=6nWbif7H4xA (Zugriff: 18.12.2016)

[25] http://www.baua.de/cae/servlet/contentblob/673668/publicationFile/47189/Gs20.pdf (Zugriff: 18.12.2016)

[26] https://www.youtube.com/watch?v=jgus_w54BiQ (Zugriff: 18.12.2016)

12 Abkürzungsverzeichnis

95%-KI	95%-Konfidenzintervall oder 95%-Vertrauensbereich
ACTH	Adrenokortikotropes Hormon, Kortikotropin
AOK	Allgemeine Ortskrankenkasse
AU	Arbeitsunfähigkeit
BARMER GEK	Deutsche Krankenversicherung, entstanden aus der Barmer Ersatzkasse (BEK) und der Gmünder Ersatzkasse (GEK)
BIP	Bruttoinlandsprodukt
BKK	Betriebskrankenkassen
BPtK	Bundespsychotherapeutenkammer
bzw.	beziehungsweise
ca.	zirka
CHF	Schweizer Franken
CRP	C-reaktives Protein
DAEM	Deutsche Akademie für Ernährungsmedizin
DAK	Deutsche Angestellten Krankenkasse
DEGS	Studie zur Gesundheit der Erwachsenen in Deutschland
DGEM	Deutsche Gesellschaft für Ernährungsmedizin
d.h.	das heißt
DNA	Desoxyribonukleinsäure
Dr. med.	Doktor der Medizin
DRV	Deutsche Rentenversicherung
einschl.	einschließlich
E-Mail	elektronische Nachricht
engl.	englisch
ESEMeD	European Study of the Epidemiology of Mental Disorders
et al.	und andere
etc.	et cetera, und so weiter
EU	Europäische Union
ggf.	gegebenenfalls
gr.	griechisch
HHN-Achse	Hypothalamus-Hypophysen-Nebennierenrinden-Achse
ICD-10	Internationale statistische Klassifikation der Krankheiten und verwandter Gesundheitsprobleme, 10. Revision
IgA	Immunglobulin A
Kb	Kilobasenpaare
lat.	lateinisch

LDL	Low Density Lipoprotein, Lipoprotein niedriger Dichte
Mio.	Millionen
PhD	Doctor of Philosophy (im englischsprachigen Raum)
mPFC	medialer präfrontaler Kortex
MPH	Master of Public Health
Mrd.	Milliarden
MSc	Master of Science
N oder n	number, Anzahl der Nennungen
NNM	Nebennierenmark
NNR	Nebennierenrinde
PME	Progressive Muskelrelaxation, Progressive Muskelentspannung
RKI	Robert Koch-Institut
s.	siehe
SECO	Staatssekretariat für Wirtschaft (Schweiz)
SEM	standard error of the mean, Standardabweichung des Mittelwertes
SES	sozioökonomischer Status
SHB	Steinbeis-Hochschule Berlin
sog.	sogenannte
SNN-Achse	Sympathikus-Nebennierenmark-Achse
S-Tool	von: Stress-Tool = Stress-Werkzeug
s.u.	siehe unten
TK	Techniker Krankenkasse
u.a.	unter anderem
v.a.	vor allem
VIPH	Villingen Institute of Public Health
vgl.	vergleiche
vs.	versus, gegen, gegenübergestellt
WHO	World Health Organization, Weltgesundheitsorganisation
z.B.	zum Beispiel
ZNS	Zentralnervensystem

Stichwortverzeichnis

E

F

G

H

I

J

K

L

M

T

U

V

W

Z

Kurzvita

Lotte Habermann-Horstmeier

Risikofaktor „Stress“

Die Autorin
Dr. med. Lotte Habermann-Horstmeier, MPH
Leiterin des Villingen Institute of Public Health (VIPH) der Steinbeis-Hochschule Berlin (SHB)
Studium der *Humanmedizin* an der Philipps-Universität Marburg. Dort Promotion zum Dr. med. im Bereich Neurophysiologie. Ernährungsmedizinerin DAEM/ DGEM. Master-Studium *Public Health* an den Universitäten Basel, Bern und Zürich (Schweiz).

E-Mail: Habermann-Horstmeier@viph-steinbeis-hs.de